JN085819

 で作る

まいにちのごはん
120

上島亜紀
AKI KAMISHIMA

PROLOGUE

毎日、
ホットプレート
ごはん日和。

　毎日のごはん作りがラクになる調理家電が
増え、いろいろ目移りしますが、ちょっと待
ってください！　焼き肉やお好み焼きにしか
登場しないホットプレートがご自宅に眠って
いませんか？　このホットプレート、実はと
ても便利な調理家電なのです。例えば、家族
4人分の炒め物を作りたいけど、そんな大き
なフライパンはないし、無理やり炒めると大
変…。おかずを2品作りたいけど、1品ずつ
作ると初めに作ったおかずが冷めちゃう…。
パンを作りたいけど、オーブンを持っていな
い…などなど、これらの悩みは全てホットプ
レートが一気に解決してくれるのです。そし
て、何より家族みんなで席について、普通の
おかずもワイワイ楽しくアツアツでいただけ
ます。この本は、朝ごはん、昼ごはん、おや
つ、夕ごはんと朝から晩まで出しっぱなしで
大活躍できるレシピをたくさんご紹介してい
ます。家族の集まるダイニングにホットプレ
ートのある生活を始めてみませんか。

上島亜紀

サムギョプサルも！

磯辺つくねと
さつまいもの
おかずもいっしょに！

ホットプレートって こんなに使える!!

ホットプレートで作るものは、決まりきったメニューばかり…と思っていませんか？　実はどんな料理もおいしく仕上げる魔法の調理家電なのです!

1

特別なごはんだけでなく、毎日使いができて便利!

2品いっしょに作れて献立も簡単!

ホットプレートといえば、家族や友達で集まったときのパーティーなど、特別なごはん作りのときにテーブルに出すイメージ。メニューも焼き肉など、決まりきったものばかりと思っていませんか？　実はホットプレートは、毎日のごはん作りに大活躍してくれる万能調理家電。夕飯のおかずを同時に2品作ったり、煮物だって作れます。そしてなんと言っても、アツアツの状態をいただけるのがうれしいところ。ホットプレートを最近使ってない人も、これから購入したいという人も、ぜひ、本書でバラエティー豊かなホットプレートの料理の世界を味わってください。

煮物もホットプレートで!

2　大きめのフライパンや大皿がなくても家族4人分の料理がラクラク!

煮込み風ハンバーグもホットプレートで簡単に!

食べ盛りの子どもがいる4人家族の食事作りは、とにかく大変。一度に作るおかずが大量なので、大きいフライパンや鍋などを総動員して作ることに。そして、作り終える頃には疲れてクタクタなのに、洗い物が山のように残っていることも…。そんなときこそ、ホットプレートの出番。家族4人分の料理を一度に作れるから、本当に手軽。煮込み料理やたっぷりの炒め物、焼き物、蒸し物などを一度に作れて、手間もかからず、後片づけも簡単。そのまま大皿の代わりにも使えるので、洗い物がグンと少なくなるのもうれしいポイントです。

3

最後までアツアツの状態で
ライブ感満載で
おいしく食べられる！

最後まで
アツアツ！

ホットプレート調理のいいところは、最後までアツアツの状態で料理を楽しめるということ。ホットプレートをテーブルの中央に出して、あとは、取り皿とサラダやスープ、ごはんやパンを添えるだけでOK。肉と野菜をいっしょに焼きながら、アツアツをいただいたり、グラタンもホットプレートでできるから、トロトロアツアツの状態を存分に味わえます。調理工程を目の前で見ながら食べるごはんは、ライブ感満載でさらにおいしく感じられます。

グラタンも
食べ終わるまで
冷めずにおいしい！

4

発酵もホット
プレートで！

ふわふわ
パンの完成！

フタもついていれば、
パンも焼ける！

プレートに少し深さのあるフタつきのホットプレートなら、手作りパンをおいしく焼くことができます。最大の特徴は、パン生地の発酵も、ホットプレートひとつでできるということ。あとは、そのままフタをして焼くだけで、お焼き風のもっちりパンが完成。本書では基本のパン生地を紹介しているので、さまざまなアレンジで、バリエーション豊かなパンを焼いて楽しんでみてください。

5

付属品を使えば、
もっと楽しく料理ができる！

ホットプレートを購入するとついてくる付属品。中でも、たこ焼きプレートは、たこ焼きを焼くときしか使わないという人もいるのでは？　本書では、たこ焼きの丸形のくぼみを利用したアイデアレシピを豊富に紹介しています。ボール状のオムライスやシューマイなどの食事メニューから、おやつやスイーツまで！　また、深鍋があれば、土鍋の代わりにポトフやおでんなども作れます。

たこ焼きプレートは
子どもの
パーティーに！

深鍋があれば、
ポトフやおでんも！

この本で使用している ホットプレートのこと

本書で使用したホットプレートの
サイズと種類をご紹介します。
付属品についても正しく理解して、
上手に使いこなしましょう。

【サイズのこと】

本書では4人分のメニューが 楽しめる大型タイプを使用

本書では、家族4人分の料理を一度に作れるように、大型タイプやグランデサイズのホットプレートを使用しています。大型サイズなので、プレートを広々と使うことができ、2種類のおかずを同時に焼くことができたり、大量の食材を一気に焼いて仕上げることが可能です。また、プレートに深さがあってフタに高さがあるタイプなら、煮込み料理やパンを焼くこともできます。これからホットプレートを買う人も、すでにお持ちの人も、それぞれのメーカーによって、大きさや深さなどが変わるので、ホットプレートの説明書をよく読んでご使用ください。

> **MEMO**
> **コンパクトサイズを使用している場合は？**
> お持ちのホットプレートが2〜3人分用の場合、1回に調理できる量は、本書のレシピの分量の半量ぐらいです。2〜3人分を作る場合は、分量を半量にする、4人分を作る場合は、2回に分けて作ると考えましょう。

タイガー魔法瓶

これ1台／CRV-G300

※生産終了品。後継機種はCRV-G301

こげつきにくく、耐久性の高い、料理のレパートリーが増える3枚プレートタイプ。片づけもラクラク。

象印マホービン

やきやき／EA-GW30

丈夫で長持ち、3層構造の遠赤プレートで浅い凹凸仕上げなので油なじみがよくこげつきにくい。

象印マホービン

STAN.／EA-FA10

焼く、煮る、炒める調理が得意な深型ホットプレート。深さ4cmで具だくさんのメニューも作れる。

BRUNO

グランデサイズ／BOE026-WH

家族みんなで楽しめる大きめなサイズ感。デザイン性が高く、プレートはフッ素樹脂加工で使いやすい。

【付属品の用途と使い方】

平面プレート

平らで穴が空いていないプレート。
フライパンの代わりに

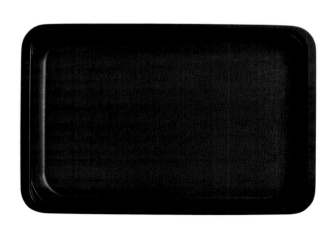

　ホットプレートには必ずついてくる平面プレート。チタンやセラミック、フッ素樹脂加工などを施してある平面プレートも。焼き肉や焼きそば、パンケーキはもちろん、フライパンの代わりに、炒め物や焼き物、フタがあれば、蒸し物まで幅広く使えます。深さが3.5〜4㎝ぐらいのものなら、具だくさんの煮物やパスタ、すき焼きなどの鍋料理などを作ることも可能です。

たこ焼きプレート

たこ焼きの凹みつきプレート。
アイデア次第でいろいろ使える

　凹んだ穴が特徴のたこ焼きプレートは、メーカーによって、穴の個数と大きさが違います。たこ焼きを焼くためのプレートですが、アイデア次第で、さまざまな料理に使えて、パーティーにぴったり！本書のレシピは多めの分量に設定しているので、数や大きさによって加減しましょう。たこ焼きプレートのスペースを半分ずつ使って、2種類のメニューを焼くのも楽しいアイデア。

深鍋

お料理の幅が広がる！
お鍋や煮込み料理に最適

　深鍋は、セラミック加工されているものが多く、傷がつきにくいのが特徴。シチューやカレーなどの煮込み料理や肉じゃがなどの煮物、すき焼きやしゃぶしゃぶなど、みんなで囲むお鍋にも使えて本当に便利。メーカーによって、蒸し網が付属しているものもあり、肉まんなどの蒸し物の調理も可能！　深鍋があれば、ホットプレートで作れる料理のバリエーションがグンと広がります。

※画像はBRUNOの深鍋です。こちらは付属品ではなく、
別売のオプションプレートです。

CONTENTS

PART 1

基本の平面プレートで作る
同時に作れる2品献立

PART 2

基本の平面プレートで作る
毎日の肉・魚介×
野菜のおかず

PART 3
基本の平面プレートで作る
ごはん＆麺＆
パンレシピ

ごはん

パスタ＆麺

パン

PART 4
たこ焼きプレートで作る
アイデアレシピ

この本の使い方
・材料は4人分です。
・計量単位は大さじ1＝15㎖、小さじ1＝5㎖、カップ1＝200㎖としています。
・電子レンジは600Wを基本としています。500Wの場合は加熱時間を1.2倍にしてください。
・「少々」は小さじ1/6未満を、「適量」はちょうどよい量を、「適宜」は好みで必要があれば入れることを示します。
・野菜を洗ったり、皮をむいたりなどの下処理は省略しています。

基本の平面プレートで作る
同時に作れる2品献立

ホットプレートをテーブルの上に出して、食事の準備を始めましょう。
大きいサイズのホットプレートを使えば、
家族みんなで食べられる主菜と副菜が一気に作れて本当に便利！
あとは、簡単なスープやサラダがあればOKだから、献立作りが驚くほどラクになるはず！

和の2品献立

定番のしょうが焼きや、ごはんがすすむ甘辛味のつくねなど、和のおかずを紹介。
ホットプレートで肉や魚といっしょに野菜もたっぷり食べられます。

①

ごはんによく合う甘辛ダレがたまらない!

豚のしょうが焼き

材料（4人分）
豚肩ロース肉（しょうが焼き用）…12枚（400g）
塩…小さじ1/2
こしょう…少々
小麦粉・サラダ油…各大さじ1/2
A 玉ねぎ…1/2個
　　しょうゆ…大さじ3
　　みりん…大さじ2
　　しょうがのすりおろし…大さじ1/2

下準備

Aの玉ねぎは極薄切りにしてポリ袋に入れ、残りの材料を加えてよくもみ込む。豚肉は塩、こしょう、小麦粉をふる。

②

桜えびの香ばしさを引き出すのがポイント

にらもやし炒め

材料（4人分）
にら…1/2束
もやし…1袋（200g）
桜えび（乾燥）…3g
鶏がらスープの素（顆粒）…大さじ1/2
塩・こしょう…各少々
サラダ油…大さじ1
白いりごま…小さじ1

下準備

にらは4cm幅に切る。

調理START! HOT PLATE **250℃**

① ホットプレートにサラダ油を250℃で熱し、下味をつけた豚肉を入れ、両面に焼き色がつくまで焼きつける。

MEMO
まずは豚肉を焼き色がつくまで焼きつけます。豚肉の脂が、にらもやし炒めに移ってもおいしいので、ホットプレート全面で焼くようにしてOKです。

④ 豚肉に**A**を加え、からめるように焼く。

② ホットプレートにサラダ油、桜えびを入れて炒める。

③ もやしを加えて炒め、鶏がらスープの素を加えてからめる。にらを加え、塩、こしょうで味を調える。

⑤ 白いりごまをふって混ぜ合わせる。

PART 1 基本の平面プレートで作る同時に作れる2品献立

献立のヒント

肉と野菜がたっぷりとれて、バランスの良い献立。せん切りキャベツを添えれば、さっぱりと、そして豚のしょうが焼きのタレがからんでモリモリ食べられます。

①	②

ピーマンは種ごと食べて、栄養たっぷり！

なすとピーマンの焼き浸し

材料（4人分）

なす… 3本
ピーマン… 2個
ごま油… 大さじ1
A｜しょうゆ・砂糖・酒…各大さじ1
　｜赤唐辛子（輪切り）… 1/2本分
　｜けずり節… 3g
　｜水… 100㎖

下準備

なすは長めの乱切りにし、ピーマンは種を残したまま、縦半分に切る。耐熱ボウルに**A**を入れ、ラップはかけずに電子レンジで3分加熱し、ザルなどでこす。

和食の定番献立も、ホットプレートで簡単

焼き肉じゃが

材料（4人分）

牛切り落とし肉…300g	A｜しょうゆ
じゃがいも	｜　…大さじ2と1/2
…4〜5個（500g）	｜砂糖…大さじ2
玉ねぎ… 1個	｜みりん…大さじ1
にんじん… 1本	｜けずり節… 5g
サラダ油… 大さじ1	

下準備

牛肉は食べやすい大きさに切り、じゃがいもは1㎝幅の輪切り、玉ねぎは1㎝幅のくし形切りにする。にんじんは薄い輪切りにする。

調理START! 　　　　**HOT PLATE 200℃ ▶ 170℃**

---

② ホットプレートにごま油をひき、なす、ピーマンを並べる。

① ホットプレートにサラダ油を**200℃**で熱し、牛肉を炒め、じゃがいも、玉ねぎ、にんじんを加えて炒める。

---

③ フタをして途中混ぜながら、**170℃**で5分ほど加熱する。

---

④ なす、ピーマンを下準備した**A**に浸す。

⑤ **A**を加え、全体を混ぜるように炒める。

さつまいもの甘みに、レモンのさっぱり感が◎

さつまいものレモポン

材料（4人分）

さつまいも（小）… 2〜3本（約300g）
レモン（5㎜幅の輪切り）… 4枚分
バター…10g
A｜ポン酢しょうゆ…大さじ1と1/2
　｜はちみつ…大さじ1

下準備

さつまいもは7㎜幅の輪切りにする。水にさらしてアク抜きをし、水けをふき取る。

まとめて作って、お弁当のおかずにもおすすめ

磯辺つくね

材料（4人分）

焼きのり（全形を12　　A｜鶏ひき肉…400g
　等分に切る）　　　　　｜にんじん（みじん切り）… 1/2本分
　… 2枚分　　　　　　　｜小ねぎ（小口切り）… 5本分
片栗粉…大さじ1　　　　｜麩（細かく崩す）…20g
ごま油　　　　　　　　　｜片栗粉…大さじ2
　…大さじ1/2　　　　　｜みそ…大さじ1
　　　　　　　　　　　B｜しょうゆ・砂糖・酒…各大さじ1

下準備

ボウルにAを入れてよく混ぜて12等分にし、平たい丸型に成形する。のりを両面に貼り、片栗粉をまぶし、磯辺つくねを作る。

調理START!　　　　HOT PLATE **200**℃▶**170**℃

② ホットプレートにバターを入れて溶かし、さつまいもを片面にうっすら焼き色がつくまで焼きつけて上下を返し、レモンをのせる。

① ホットプレートにごま油を**200**℃で熱し、磯辺つくねを片面に焼き色がつくまで焼きつけ、上下を返す。

③ フタをして、**170**℃で7〜8分加熱する。

④ Aを加えてからめる。

⑤ Bを加えてからめる。

① ②

軽い食感の里いもを甘辛味で

里いもとねぎの甘辛炒め

材料（4人分）

里いも … 3〜4個(300g)
長ねぎ … 1本
サラダ油 … 大さじ1
Ⓐ｜しょうゆ・砂糖 … 各大さじ1と1/2

下準備

里いもは7mm厚さの輪切りにし、長ねぎは1cm幅の斜め切りにする。

塩麹でしっとりやわらかくてジューシー

塩麹鶏照り焼き

材料（4人分）

鶏もも肉 … 2枚(400g)
小麦粉 … 大さじ1
サラダ油 … 小さじ1
Ⓐ｜塩麹 … 大さじ3
　｜ゆずこしょう … 小さじ1

下準備

鶏肉はペーパータオルで水けをしっかりふき取り、厚みを均一に開く。余分な脂を取り除いて、4等分に切り、小麦粉をまぶす。

調理START!　　　HOT PLATE **200**℃

② ホットプレートにサラダ油をひき、里いも、長ねぎを炒める。里いもの片面にうっすら焼き色がついたら上下を返す。

① ホットプレートにサラダ油を**200**℃で熱し、鶏肉を皮目から焼きつけ、上下を返す。

③ フタをして5〜6分蒸し焼きにする。

④ Ⓐをまわしかけ、からめるように炒める。

⑤ よく混ぜ合わせたⒶをまわしかけ、からめる。

和食おかずもホットプレートで

ごぼうといんげんの甘辛焼き

材料（4人分）

ごぼう…1/2本
さやいんげん…10〜12本
ベーコン…3枚
赤唐辛子（輪切り）…1/2本分
サラダ油…小さじ1
Ａ｜しょうゆ・みりん…各大さじ1

下準備

ごぼうは斜め薄切りにし、水にさらしてアク抜きをし、水けをきる。さやいんげんはヘタを切り落とし、3等分に切る。ベーコンは2cm幅に切る。

黒酢のコクある酸味と、ぶりのジューシーさが◎

ぶりの黒酢照り焼き

材料（4人分）

ぶり（切り身）…4切れ分
粗びき黒こしょう…少々
小麦粉…大さじ1
サラダ油…大さじ1/2
Ａ｜黒酢…大さじ2
　｜しょうゆ・はちみつ…各大さじ1

下準備

ぶりはペーパータオルで水けをしっかりふき取り、粗びき黒こしょう、小麦粉を薄くまぶす。

調理START!　**HOT PLATE** **250℃ ▶ 170℃ ▶ 200℃**

（①）ホットプレートにサラダ油を**250℃**で熱し、下味をつけたぶりを片面に焼き色がつくまで焼きつけ、上下を返す。

（②）ホットプレートにサラダ油、赤唐辛子、ベーコンを熱し、ごぼう、いんげんを炒め、全体に油をまわす。

（③）フタをして、**170℃**で5〜6分蒸し焼きにする。ごぼうといんげんは、途中混ぜる。

（④）**Ａ**をまわしかけ、からめるように炒める。

（⑤）**Ａ**をまわしかけ、**200℃**でからめるように焼きつける。

洋の2品献立

ハーブをきかせたローストポークや、トマトケチャップで味つけしたポークチャップなど、洋のおかずを紹介。
ごはんはもちろん、パンに添えても合うおかずなので、朝食にもおすすめです。

1

蒸し焼きにしてふっくらジューシー

パプリカバーグ

材料（4人分）

赤パプリカ・黄パプリカ
　…各1個
小麦粉…大さじ1/2
オリーブ油…小さじ1
A｜合いびき肉…400g
　｜玉ねぎ（みじん切り）…1/4個分
　｜パン粉…2/3カップ
　｜溶き卵…1個分
　｜トマトケチャップ…大さじ2

塩…小さじ1/4
こしょう…少々
B｜トマトケチャップ
　｜　…大さじ4
　｜中濃ソース
　｜　…大さじ2
　｜にんにくのすりおろし
　｜　…小さじ1/2

下準備

パプリカは上下を切り落とし、1.5cm幅の輪切りにする。よくこねたAを詰め、小麦粉を薄くまぶす。耐熱ボウルにBを入れてよく混ぜ、ラップはかけずに電子レンジで1分30秒加熱する。

2

満腹感をしっかり感じられる手軽な副菜！

ジャーマンポテト

材料（4人分）

じゃがいも…2〜3個（350g）
ウインナーソーセージ…5本
にんにく…1かけ
塩…小さじ1/4
粗びき黒こしょう…適量
オリーブ油…大さじ1/2
パセリ（みじん切り）…大さじ2

下準備

じゃがいもは1.5cmのさいの目に切る。ウインナーソーセージは1cm幅の輪切りにし、にんにくは芽を取り除き、薄切りにする。

調理START! HOT PLATE **250℃ ▶ 200℃ ▶ 160℃**

① ホットプレートにオリーブ油を250℃で熱し、パプリカバーグを片面に焼き色がつくまで焼きつけ、上下を返す。

② ホットプレートにオリーブ油、にんにくを200℃で熱し、ウインナーソーセージを炒め、脂が出てきたらじゃがいもを加えて炒める。

③ フタをして、160℃で5〜6分蒸し焼きにする。
ジャーマンポテトは、途中混ぜる。

⑤ Bをかける。

④ 塩、粗びき黒こしょうで味を調え、パセリを散らす。

献立のヒント

洋風のおかずにはコンソメスープや
ポタージュを添えると満足度が一気
にアップします。添え野菜はルッコ
ラやクレソンでおしゃれに！

①

②

厚みのある豚肉を使って食べ応え満点

ポークチャップ

材料（4人分）

豚ロース肉（とんカツ用）
　… 4枚（100g×4枚）
塩・粗びき黒こしょう
　…各小さじ1/2
小麦粉…大さじ2
オリーブ油…大さじ1

A | 玉ねぎ(極薄切り)…1/2個分
　　トマトケチャップ
　　　…大さじ5
　　中濃ソース…大さじ3
　　にんにくのすりおろし
　　　…小さじ1

下準備

豚肉は包丁の背でたたいて筋切りし、塩、粗びき黒こしょう、小麦粉の順にまぶす。**A**はよく混ぜ合わせる。

トマトソースによく合う添え野菜

いんげんの
ガーリックしょうゆ

材料（4人分）

さやいんげん…20本
にんにく… 1かけ
赤唐辛子(輪切り)…1/2本分
オリーブ油…大さじ1
A | しょうゆ・砂糖…各小さじ2

下準備

さやいんげんはヘタを切り落とし、にんにくは芽を取り除き、薄切りにする。

| 調理 START! | HOT PLATE **250**℃ ▶ **170**℃ |

① ホットプレートにオリーブ油を**250**℃で熱し、下味をつけた豚肉を盛りつけたとき上になる面から焼き、焼き色がついたら上下を返す。

② ホットプレートにオリーブ油、にんにく、赤唐辛子を熱し、さやいんげんを炒める。

③ フタをして途中混ぜながら、**170**℃で5分ほど加熱する。

④ **A**を加えてからめるように炒める。

⑤ **A**をまわしかけ、からめるように炒める。

①

ローズマリーの香りが爽やか！

ローストポーク

材料（4人分）

豚ロース肉（とんかつ用）… 4枚
塩…小さじ2/3
粗びき黒こしょう…小さじ1/2
小麦粉…大さじ1と1/2
にんにく… 2かけ
オリーブ油…大さじ1
ローズマリー… 4枝

下準備

豚肉は包丁の背でたたいて筋切りし、塩、粗びき黒こしょう、小麦粉の順にまぶす。にんにくは芽を取り除き、たたいてつぶす。

②

豚肉のうまみをしっかりからめて！

ブロッコリーの
ペペロンチーノ

材料（4人分）

ブロッコリー… 1株
玉ねぎ…1/4個
塩…小さじ1/3
オリーブ油…大さじ1
Ａ｜赤唐辛子（輪切り）… 1本分
　｜にんにく（芽を取り除いて薄切り）… 1かけ分

下準備

ブロッコリーは食べやすい大きさの小房に分け、玉ねぎは極薄切りにする。

調理START!　　HOT PLATE　**250**℃ ▶ **200**℃ ▶ **170**℃

① ホットプレートにオリーブ油、にんにくを**250**℃で熱し、下味をつけた豚肉を焼き、焼き色がついたら上下を返し、にんにく、ローズマリーをのせる。

② ホットプレートにオリーブ油、**Ａ**を**200**℃で熱し、ブロッコリー、玉ねぎを炒める。

③ フタをして、**170**℃で4〜5分蒸し焼きにする。

④ 塩を加えて混ぜ合わせる。

白身魚にバターのコクがシンプルに合う

白身魚のバターホイル焼き

材料（4人分）

白身魚(たらなど／切り身)
　…4切れ
塩…小さじ1
粗びき黒こしょう…適量
片栗粉…大さじ1

グリーンアスパラガス…4本
キャベツ(せん切り)…1/8個分
A バター(常温に戻す)…40g
　　みそ…大さじ1

下準備

白身魚はペーパータオルで水けをふき取り、塩、粗びき黒こしょう、片栗粉を薄くまぶす。アスパラガスは下1cmは切り落とし、下半分の皮をピーラーなどで薄くむき、3等分に切る。材料を4等分にし、それぞれクッキングシートにキャベツ、白身魚、アスパラガス、よく混ぜ合わせた**A**を順にのせて包み、さらにアルミホイルで包む。

あと一品欲しいときに、サイドでパパッと！

スペインチーズオムレツ風

材料（4人分）

卵…6個
玉ねぎ…1/2個
ベーコン…4枚
ピザ用チーズ…80g
塩…小さじ1/4
粗びき黒こしょう…適量
オリーブ油…大さじ1

下準備

玉ねぎは極薄切りにし、ベーコンは1cm幅に切る。ボウルに卵を割り入れ、ピザ用チーズ、塩、粗びき黒こしょうを加えて混ぜ合わせる。

調理START！ **HOT PLATE** **180℃** ▶ **200℃** ▶ **150℃**

---

(1) ホットプレートを180℃に熱し、中心にホイル包みをのせる。フタをして15〜20分蒸し焼きにしたら、端に寄せる。

(2) ホットプレートにオリーブ油、ベーコンを200℃で熱し、玉ねぎを炒める。卵液を流し入れ、手早くゆるめのスクランブルエッグ状にする。

(3) フタをして、150℃で3〜4分蒸し焼きにする。

(4) フタをはずして半分にたたみ、フタをして1〜2分焼く。

①

長ねぎが香ばしい！豆腐で食べ応え十分！

豆腐と長ねぎの
ガーリックステーキ

材料（4人分）

木綿豆腐… 2丁(350g×2)
粗びき黒こしょう…小さじ1/2
小麦粉…大さじ2
長ねぎ… 1本
バター…30g
A しょうゆ・はちみつ…各大さじ2
　　にんにくのすりおろし…小さじ1

下準備

豆腐は4等分に切り、重しをのせて水きりをする。水けを
ふき取り、粗びき黒こしょう、小麦粉をふる。長ねぎは4
cm幅に切る。

②

トマトは焼きすぎないのがポイント！

焼きトマト

材料（4人分）

トマト… 4個
青じそ… 5枚
みょうが… 1個
ポン酢しょうゆ…大さじ2
ごま油…大さじ1/2

下準備

トマトは縦6等分のくし形に切り、青じそとみょうがは細
いせん切りにする。

調理 START!　　　　　　　　　　　HOT PLATE 250℃

(1) ホットプレートにバターを**250℃**で熱し、豆腐、長
ねぎを焼く。豆腐に両面焼き色がついたら、**A**をま
わしかけてからめる。

(2) ホットプレートにごま油を**250℃**で熱し、トマトの
切り口をさっと焼きつける。ポン酢しょうゆをかけ、
青じそ、みょうがをのせる。

中華・エスニックの２品献立

中華風、韓国風、インドネシア風など、甘辛かったり、スパイシーな味つけで、
献立のレパートリーが広がります。テーマを決めて、楽しい食卓に。

1

中華料理にはマスト！プリプリのえびがたまらない

焼きえびチリ

材料（4人分）

むきえび…300ｇ
片栗粉…大さじ１
長ねぎ…1／2本
ごま油…大さじ1/2
A｜トマトケチャップ…大さじ３
　｜オイスターソース・水…各大さじ１
　｜鶏がらスープの素（顆粒）…大さじ1/2
　｜しょうがのすりおろし…小さじ１

下準備

むきえびは片栗粉大さじ２（分量外）をもみ込み、水で洗い流す。水けをしっかりふき取り、片栗粉をまぶす。長ねぎは粗みじん切りにし、Aはよく混ぜ合わせる。

2

オイスターソースとしょうゆのシンプルな味つけ

チンジャオロースー

材料（4人分）

豚肩ロース肉（とんかつ用）…３枚
ピーマン…５個
オイスターソース…大さじ２
しょうゆ…大さじ1/2
ごま油…大さじ１
A｜酒…大さじ１
　｜片栗粉…大さじ1/2
　｜塩…小さじ1/4
　｜こしょう…少々

下準備

豚肉は１cm幅に切り、Aをもみ込む。ピーマンは種とワタを取り除き、縦１cm幅に切る。

調理START！　　HOT PLATE 250℃

ホットプレートにごま油を250℃で熱し、下味をつけた豚肉を焼き色がつくまで焼きつける。

ホットプレートにごま油を熱し、えびを両面焼きつける。

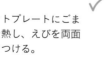

豚肉に焼き色がついたら、ピーマン、オイスターソース、しょうゆを加えて炒める。

えびの色が変わったら、A、長ねぎを加えて全体にからめる。

献立のヒント

中華の定番2品を組み合わせた献立
で、それぞれにまぶした片栗粉がタ
レをキャッチするので、味が混ざり
づらくなります。レタスを添えると
さっぱりして◎。

① ②

辛さが後を引く！韓国の定番料理

ヤンニョムチキン

材料（4人分）

鶏むね肉…2枚(400g)
小麦粉…大さじ1と1/2
ごま油…大さじ1
A | にら（5mm幅の小口切り）…1/2束分
コチュジャン・白すりごま…各大さじ2
しょうゆ・酢…各小さじ2
水…大さじ1

下準備

鶏肉はペーパータオルで水けをしっかりふき取り、大きめのひと口大にそぎ切りにし、小麦粉をまぶす。**A**はよく混ぜ合わせる。

ヤンニョムチキンのタレで味変も◎

ズッキーニと
かぼちゃのジョン

材料（4人分）

ズッキーニ…1本　溶き卵…1個分
かぼちゃ…1/8個　ごま油…大さじ2
塩…小さじ1
こしょう…少々
小麦粉…大さじ2

下準備

ズッキーニは7mm厚さの斜め切りにし、かぼちゃは5mm厚さに切る。それぞれに塩、こしょう、小麦粉をふる。

調理START!　HOT PLATE **200**℃

① ホットプレートにごま油を**200**℃で熱し、小麦粉をまぶした鶏肉を焼く。

③ 両面を焼きつけたら**A**を加えてからめる。

② ホットプレートにごま油を熱し、下味をつけたズッキーニとかぼちゃを溶き卵にくぐらせ、両面にうっすらと焼き色がつき、かぼちゃに竹串がスッと入るまで焼く。

① ②

チンゲン菜と豚バラのうまみが最強コンビに！

豚バラと
チンゲン菜の蒸し焼き

材料（4人分）

豚バラ肉(しゃぶしゃぶ用)…150g
チンゲン菜…2株

A｜ 塩…小さじ2/3
　｜ 粗びき黒こしょう…少々
　｜ 片栗粉…小さじ1

B｜ 酒・水…各大さじ1
　｜ しょうがのすりおろし…小さじ1/2

下準備

豚肉は半分に切り、チンゲン菜は根元に8等分の切り目を入れて割く。

厚揚げを使えば形崩れ防止にも

厚揚げ麻婆

材料（4人分）

厚揚げ…2枚
小麦粉…大さじ1/2
長ねぎ…1/2本
サラダ油…大さじ1

A｜ 豚ひき肉…200g
　｜ 甜麺醤…大さじ2
　｜ 豆板醤…大さじ1
　｜ しょうがのすりおろし
　｜ 　…小さじ1

B｜ 酒…大さじ2
　｜ 片栗粉…大さじ1/2
　｜ 鶏がらスープの素(顆粒)
　｜ 　…小さじ1
　｜ 水…100ml
花椒半分…適量

下準備

厚揚げはペーパータオルで油をおさえ、12等分のさいの目に切り、小麦粉を薄くふる。長ねぎは粗みじん切りにする。

調理 START!　　HOT PLATE 200℃▶160℃

---

② ホットプレートにチンゲン菜の半量を入れ、豚肉の半量をのせる。半量のAをふり、残りを同じ順にのせ、混ぜ合わせたBをまわしかける。

① ホットプレートにサラダ油を200℃で熱し、Aを香りが出るまで炒め、厚揚げを加えてからめるように炒める。

③ フタをして、160℃で5〜6分蒸し焼きにする。

④ Bを加えてとろみがついたら長ねぎを加えてひと混ぜし、花椒半分をふる。

ナンプラーを香らせて、一気に異国風味に

エスニック風蒸しキャベツ

材料（4人分）

キャベツ…1/4個
桜えび（乾燥）…6g
Ⓐ ナンプラー・はちみつ…各小さじ2
　 赤唐辛子（輪切り）…1/2本分

下準備

キャベツは芯を残し、縦4等分に切る。

噛むほどうまみがジュワッとしみ出る！

きのこの肉巻き

材料（4人分）

豚ロース肉（しゃぶしゃぶ用）　　Ⓐ ポン酢しょうゆ
　…24枚　　　　　　　　　　　　　　…大さじ4
塩・こしょう…各適量　　　　　　小ねぎ（小口切り）
片栗粉…大さじ1　　　　　　　　　　…5本分
エリンギ…2本　　　　　　　　　　水…大さじ2
えのきだけ…2袋
ごま油…小さじ1

下準備

エリンギは縦6等分に切り、えのきだけは根元を切り落とし、12等分に分ける。豚肉に塩、こしょう、片栗粉少々をふり、豚肉は2枚重ね、エリンギ、えのきだけをのせて巻き、残りの片栗粉を薄くまぶす。これを12個作る。

調理START!　　　　　　　　　　　　HOT PLATE 170℃

② ホットプレートにキャベツをのせて焼き、桜えびを散らす。

① ホットプレートにごま油を170℃で熱し、きのこの肉巻きの巻きとじを下にして焼く。

③ フタをして、7〜8分蒸し焼きにする。きのこの肉巻きは、途中上下を返す。

④ Ⓐをかけ、ざっくりとあえる。

⑤ 混ぜ合わせたⒶをつけていただく。

①　②

インドネシア風に温かいソースをディップして！

ガドガド風蒸しサラダ

材料（4人分）

厚揚げ… 1枚
さつまいも（小）… 2本
赤パプリカ（一口大の乱切り）
　… 1個分
ブロッコリー（食べやすい
　大きさに切る）… 1/2株分
うずらの卵（水煮）… 8個
塩… 小さじ1/3

Ａ｜ピーナッツバター
　　… 大さじ4
　｜具だくさんラー油
　　… 大さじ3
　｜黒酢・中濃ソース
　　… 各大さじ1
　｜砂糖… 大さじ1/2
　｜桜えび（乾燥／みじん切り）
　　… 3g

下準備

厚揚げはペーパータオルで油をおさえ、12等分のさいの目に切る。さつまいもはさっと水にくぐらせてラップに包み、電子レンジで3分加熱する。さつまいもの上下を返してさらに2分加熱し、粗熱がとれたら、2cm角に切る。ボウルに厚揚げ、野菜、うずらの卵を入れて塩をふる。耐熱のココットにＡを入れてよく混ぜ、ラップはかけずに電子レンジで1分加熱する。

ピーナッツバターで東南アジアの雰囲気に！

サテ

材料（4人分）

鶏むね肉… 2枚
サラダ油… 大さじ1

Ａ｜ピーナッツバター… 大さじ3
　｜みそ… 大さじ2
　｜砂糖・みりん… 各大さじ1
　｜しょうゆ・片栗粉… 各大さじ1/2
　｜にんにくのすりおろし・カレー粉… 各小さじ1

下準備

鶏肉はペーパータオルで水けをしっかりふき取り、8等分のそぎ切りにし、Ａであえる。

調理 START!　　HOT PLATE 180℃ ▶ 160℃

② ホットプレートにＡを入れたココットをのせ、周りに具材を並べ、水大さじ1（分量外）をまわしかける。

① ホットプレートにサラダ油を180℃で熱し、鶏肉を焼く。片面に焼き色がついたら上下を返す。

③ フタをして、160℃で7〜8分蒸し焼きにする。

COLUMN

1日中出しっぱなし
ホットプレートごはん

ホットプレートをテーブルの真ん中に置いて、1日中調理器具として使うのも、
とっても手軽で楽しいアイデア。子どもたちにも参加させて、ワイワイごはんを作ってみませんか？

朝ごはん

忙しい朝はフライパンとトースターも兼ねて

　子どもの保育園や学校の準備をしながら朝食を作るのは、とにかく大変。時間に追われて自分の身支度をする暇もないという人も多いのでは？　とはいえ、適当な菓子パンで終わらせるのも嫌だな…と感じているなら、ホットプレートの出番です。フライパンとトースターの役目を兼ねてくれるから、ホットプレートをテーブルの上においておけば、あとは、ソーセージと目玉焼きをそのまま焼くだけ。トースター代わりに、ホットプレートで

パンを焼いて食べるのも素敵なアイデア。スープとサラダはパパッとできるものにすれば、あっという間に朝食の準備が整います。あとは、銘々のお皿に取り分けていただきましょう。アツアツのトーストと目玉焼き、ソーセージのおいしさで、体も心もエネルギーチャージできるはずです。洗い物は取り外した平面プレートと取り皿だけだから、後片づけも簡単。どんなに忙しくても、ホットプレートがあれば、朝食作りもラクラクです。

Breakfast Menu

◎トースト　◎目玉焼き　◎ソーセージソテー　◎グリーンサラダ　◎ポタージュスープ

Lunch
昼ごはん

**4人分のパスタを
ホットプレートで簡単&時短に!**

　深さのあるホットプレートなら、パスタ料理も簡単!　材料を切って準備したら、ホットプレートに油をひいて、材料を炒め合わせ、ショートパスタと水を加えて煮込み、調味料を加えて仕上げるだけ。別鍋に湯を沸かしてパスタをゆでる必要がないから、本当にラク。あとは、各自で食べる量を取り分けてアツアツをいただきましょう。テレワーク時や休日の定番ランチにぴったり。パスタはロングよりショートの方がのびにくいのでおすすめ。

Lunch Menu

◎サーモンとレモンのクリームパスタ (P81)

Snack
おやつ

**たこ焼きプレートで
アメリカンドッグを作るのも楽しい**

　たこ焼きプレートがあれば、3時のおやつタイムも楽しいイベントに。今日はアメリカンドッグを作りましょう。具はソーセージとチョコレートの2種類。生地を流し込んで、具を散らして、みんなで焼いて召し上がれ。

Dinner
夕ごはん

今夜はプルコギ！ あとはごはんとみそ汁でOK

　疲れて帰ってきた夜。キッチンにこもって何かを作るより、テーブルの上でみんなでワイワイ調理して食べるホットプレートごはんの方が楽しい！ 焼き肉もいいけれど、本格的な韓国料理のプルコギを作りましょう。牛肉と細切り野菜をたっぷり準備すれば、あとはホットプレートでジュージュー焼くだけ。牛肉を焼いて野菜をのせ、フタをして蒸し焼きにすれば、調味料をかけて炒め合わせるだけだから、本当に簡単。その上、栄養バランスも満点で、あとは、サンチュとごはんと簡単な汁物があればOK！ さっぱりした副菜

が欲しいなら、チョレギサラダやキムチなどを用意しておけば、大満足の夕ごはんになります。疲れた日の夜は、後片づけも簡単なのがうれしいところ。ホットプレートがあれば、余裕を持って食事の支度ができ、楽しい食事の時間を過ごせるようになるのでおすすめです。

Dinner Menu

◎プルコギ (P48)　　◎サンチュ
◎わかめのみそ汁　　◎ごはん

PART 2

基本の平面プレートで作る
毎日の肉・魚介×野菜のおかず

ホットプレートは、炒め物や焼き物だけでなく、
煮込み、蒸し物など幅広い調理に使えるのもうれしいところ。
肉や魚介にたっぷり野菜を組み合わせたおかずを、
和・洋・中華・エスニックなどバラエティー豊かにご紹介します。
家族みんなでアツアツのおいしさを味わって。

鶏肉×野菜のおかず

ジューシーな鶏もも肉や、リーズナブルでボリューム感の出る鶏むね肉、
うまみたっぷりの骨つき肉で、食べ応えのあるおかずが出来上がります。

チーズタッカルビ

材料（4人分）

鶏もも肉…2枚（400g）
玉ねぎ…1個
キャベツ…1/4個
赤パプリカ…1個
ピザ用チーズ…150g
マヨネーズ…大さじ2〜3
ごま油…大さじ1
A ｜ コチュジャン・トマトケチャップ
　　　…各大さじ4
　　白すりごま…大さじ3
　　みそ…大さじ2
　　すりおろしにんにく…大さじ1
粗びき唐辛子…適宜

下準備

① 鶏肉はペーパータオルで水分をしっかりとおさえ、厚みが均一になるように開き、余分な脂を取り除く。ひと口大に切り、よく混ぜ合わせた**A**の大さじ2をからめる。

② 玉ねぎは1cm幅のくし形切りにし、キャベツは食べやすい大きさにちぎり、芯は薄切りにする。赤パプリカはひと口大の乱切りにする。

調理START！　　　　　　**HOT PLATE 250℃ ▶ 200℃**

③ ホットプレートにごま油を**250℃**で熱し、**1**を皮目から焼きつける。上下を返し、両端に赤パプリカを並べ、鶏肉のうえに玉ねぎ、キャベツをのせ（**a**）、残りの**A**に水大さじ3（分量外）を加えて混ぜ合わせ、まわしかける。フタをして様子を見ながら、**200℃**で10〜12分焼く。

④ フタをはずして鶏肉、玉ねぎ、キャベツをざっくりと混ぜ、ピザ用チーズを全体にのせ、マヨネーズをかけ、再度フタをして3〜5分加熱し、お好みで粗びき唐辛子をかける。

盛りつけ方

たっぷりのチーズが特徴的な料理なので、大きめのスプーンですくうようにして盛ると◎。辛味が得意なら、皿にとった後さらに粗びき唐辛子をかけてお好みの味に。

献立のヒント

ごはんにのせて丼にしてもいいですし、サンチュに包んで食べてもさっぱりとして◎。トッポギを加えてボリューム感をアップさせるアレンジもおすすめです。

鶏肉にコチュジャンを
効かせたソースと
たっぷりのチーズを
からめた韓国風おかず

鶏肉のうまみと
トマト缶のコクが、
ゴロゴロ野菜に
よく合う！

カチャトーラ

材料（4人分）

鶏もも肉… 2枚（400g）
A 塩・粗びき黒こしょう
　　…各小さじ1/2
　　小麦粉…大さじ2
赤パプリカ… 1個
ズッキーニ… 1本
なす… 2本
玉ねぎ… 1/2個

ホールトマト缶… 1缶
ドライバジル…小さじ1/2
塩…小さじ1
オリーブ油…大さじ3

下準備

① 鶏肉はP36の下準備 **1** と同様に下処理をする。大きめ
のひと口大に切り、**A**を順にふる。

② 赤パプリカはひと口大の乱切りにし、ズッキーニ、な
すは1cm幅の輪切りにする。なすは水にさらしてアク
抜きをし、水けをふき取る。玉ねぎは薄切りにする。

③ ポリ袋に玉ねぎ以外の**2**、オリーブ油大さじ2を入れ、
全体にまぶす。

調理START!　HOT PLATE **250**℃ ▶ **200**℃ ▶ **250**℃

④ ホットプレートに残りのオリーブ油を250℃で熱し、
玉ねぎ、**1**を皮目から入れる。空いているスペースに
3の赤パプリカ、ズッキーニ、なすを加え（**a**）、鶏肉、
野菜を両面焼きつける。

⑤ ホールトマト、ドライバジル、塩を加え、フタをして
途中混ぜながら、200℃で8〜10分加熱する。フタを
はずして水分が多いようなら250℃に上げ、水分を飛
ばすように煮詰める。

れんこんやにんじん、しいたけに色んな歯応えが楽しい！

ゴロゴロッと炒り鶏

材料（4人分）

鶏もも肉…2枚(400g)
れんこん…1/2節(100g)
ごぼう…1/2本
にんじん…1本
こんにゃく(アク抜き済み)…1枚
しいたけ…4枚
さやいんげん…5本
けずり節…5g
サラダ油…大さじ1/2
A ┃ しょうゆ…大さじ3
　　┃ 砂糖…大さじ2
　　┃ みりん…大さじ1

下準備

① 鶏肉はP36の下準備1と同様に下処理をする。小さめのひと口大に切り、よく混ぜ合わせたAの大さじ2をもみ込む。

② れんこん、ごぼうはそれぞれひと口大の乱切りにし、水にさらしてアク抜きをし、水けをしっかりふき取る。にんじんはひと口大の乱切りにする。こんにゃくはスプーンなどでひと口大にちぎる。しいたけは石づきを切り落として縦半分に切る。

③ さやいんげんはヘタを切り落とし、半分に切る。

調理START!	HOT PLATE 250℃ ▶ 200℃

╱ 献立のヒント ╲

小さめに切ったたっぷりの鶏肉と、根菜がゴロッと入って、メインになる炒り鶏。あとは汁物とごはんがあればバッチリです。

④ ホットプレートにサラダ油を250℃で熱し、1を皮目から焼きつける。上下を返し、2、けずり節を加え、全体に油がまわるように炒める。

⑤ 4に3を加え、残りのAをまわしかけ、200℃で水分を飛ばすようにからめながら炒める。

ジューシーな
鶏もも肉とヨーグルトで
やわらかしっとり

食欲そそるカレー味！
スパイスが効いた
本格的な仕上がり

ハニーヨーグルトチキン

材料（4人分）

鶏もも肉… 2枚(400g)
A 塩…小さじ2/3
　　粗びき黒こしょう…小さじ1/2
　　小麦粉…大さじ1と1/2
カリフラワー… 1株
バター…20g
B 水きりヨーグルト…100g
　　粒マスタード…大さじ4
　　はちみつ…大さじ3
　　塩…少々

下準備

① 鶏肉はP36の作り方**1**と同様に下処理をする。大きめのひと口大に切り、**A**を順にふる。

② カリフラワーは食べやすい大きさの小房に分ける。

調理START! HOT PLATE **250**℃▶**180**℃▶**200**℃

③ ホットプレートにバター10gを**250**℃で熱して溶かし、**1**を皮目から入れて焼きつけ、上下を返したら**2**をのせる。フタをして様子を見ながら**180**℃で7〜8分焼く。

④ **3**によく混ぜた**B**と残りのバターを加え、全体にからめ、**200**℃で水分を飛ばすように焼きからめる。

タンドリーチキン

材料（4人分）

鶏むね肉(皮なし)
　…2枚(400g)
玉ねぎ… 1個
ピーマン… 3個
クミンシード(あれば)
　…小さじ1
塩…少々
サラダ油…大さじ2

A 水きりヨーグルト…大さじ2
　中濃ソース…大さじ1
　カレー粉…大さじ1/2
　はちみつ・にんにくのすりおろし・
　　ガラムマサラ(あれば)・
　　パプリカパウダー(あれば)
　　…各小さじ1
　塩…小さじ2/3
B 小麦粉・片栗粉…各大さじ3

下準備

① 鶏肉はペーパータオルで水分をしっかりとおさえ、5〜6等分のそぎ切りにする。ポリ袋に入れ、**A**を加えてよくもみ込み、冷蔵庫で30分以上漬け込んだら**B**をまぶす。

② 玉ねぎは8等分のくし形切りにし、ピーマンは縦半分に切る。

調理START! HOT PLATE **250**℃▶**200**℃

③ ホットプレートにサラダ油を**250**℃で熱し、あればクミンシードを入れ、香りが出てきたら**200**℃にし、**1**を加えて返しながら4〜5分焼く。

④ 鶏肉を端に寄せ、**2**を加えて軽く塩をふって焼きつけたら、全体が混ざるように炒める。

粉山椒のしびれをアクセントに効かせて！

ごはんがモリモリすすむ！目玉焼きをからめて召し上がれ

手羽中とじゃがいもの
カリカリ焼き

材料（4人分）

鶏手羽中…20本
じゃがいも…2個
塩…大さじ1/2
粉山椒…小さじ1/2～1
小麦粉・サラダ油…各大さじ2

下準備

① 鶏手羽中はペーパータオルで水分をしっかりとおさえる。じゃがいもは皮をきれいに洗い、7mm厚さの輪切りにし、水分をふき取る。

② ポリ袋に1、塩、粉山椒を入れて全体にからめ、小麦粉を加えて全体にまぶす。

調理START!　　　　　HOT PLATE **200**℃

③ ホットプレートにサラダ油を**200**℃で熱し、**2**を片面焼き色がつくまで焼きつけ、上下を返す。フタをして様子を見ながら7～8分焼きつける。

ガパオ

材料（4人分）

鶏むね肉（皮なし）…2枚（400g）
A｜塩…小さじ1/4
　｜こしょう…少々
　｜小麦粉…大さじ1
赤パプリカ…1個
玉ねぎ…1個
ピーマン…3個
卵…4個
サラダ油…大さじ1と1/2
バジル（あれば）…適量
B｜ナンプラー…大さじ2
　｜オイスターソース…大さじ1
　｜赤唐辛子（輪切り）…1/2～1本分

下準備

① 鶏肉はペーパータオルで水分をしっかりとおさえ、ひと口大のそぎ切りにし、Aを順にまぶす。

② 赤パプリカ、玉ねぎ、ピーマンはひと口大の乱切りにし、あればバジルの茎はかたいところを粗みじん切りにする。

調理START!　　　　　HOT PLATE **200**℃

③ ホットプレートにサラダ油大さじ1/2を**200**℃で熱し、**1**を両面焼き色がつくまで焼きつけたら、フタをして2分焼く。バジルの葉以外の**2**、Bを加え、水分を飛ばすように焼きつける。鶏肉と野菜を端に寄せ、残りのサラダ油を熱し、卵を割り入れ、半熟の目玉焼きを作る。

④ 器にごはん（分量外）を盛り、**3**をのせ、バジルの葉を添える。

豚肉×野菜のおかず

豚肉は薄切り肉を使えばさっと火が通って、時短の献立につながります。
サムギョプサルやスペアリブは、豚肉の脂がたまらない贅沢な一品に。

野菜たっぷり蒸し豚

材料（4人分）

豚肩ロース肉（しゃぶしゃぶ用）…300g
春菊…1束
長ねぎ…2本
もやし…1袋
酒…50㎖
塩…適量
A ┌ ポン酢しょうゆ…200㎖
　　│ 玉ねぎ（みじん切り）…1/4個分
　　│ 赤唐辛子（輪切り）…1/2本分
　　└ けずり節…小さじ1/2

下準備

① 春菊の根元1㎝は切り落とし、葉と茎を切り分ける。茎は小口切りにして**A**に入れる。長ねぎは斜め薄切りにする。

調理START! 　　　　　　HOT PLATE **180**℃

② ホットプレートにもやしを広げ、豚肉の1/3量、塩小さじ1/4、長ねぎ、豚肉の1/3量、塩小さじ1/4、春菊、豚肉の1/3量、塩小さじ1/4の順に広げながらのせ、酒をまわしかける。

③ フタをして、途中様子を見ながら**180**℃で10〜12分蒸し焼きにする（**a**）。

④ よく混ぜ合わせた**A**につけながらいただく。

┌ 献立のヒント ┐

さっぱりとしていて、食がすすみます。ポン酢しょうゆのほかに、ごまダレやラー油をかけたりして味の変化を楽しんでみるのも◎。

食べ方
ポン酢醤油に玉ねぎと春菊の茎を入れた、香りのある漬けダレにくぐらせて召し上がれ。

肉と野菜のミルフィーユに
なって美味！
ポン酢しょうゆダレにからめて
無限に食べられる！

ごはんがすすむ
みそ味が最高！

野菜たっぷり豚キムチ

材料（4人分）

豚こま切れ肉…300g
A 白菜キムチ…300g
　　みそ・みりん…各大さじ1
キャベツ…1/4個
ピーマン…3個
厚揚げ…1枚
ごま油…大さじ2

下準備

① 豚肉は食べやすい大きさに切り、ポリ袋に入れ、**A**をもみ込む。

② キャベツは食べやすい大きさにちぎり、芯は薄切りにする。ピーマンは種とワタを取り除き、食べやすい大きさに乱切りにする。厚揚げはペーパータオルで油をしっかりおさえ、横半分、縦8等分に切る。

調理START！　HOT PLATE 250℃ ▶ 200℃ ▶ 250℃

献立のヒント

豚肉と厚揚げでボリューム満点です。野菜もしっかりとれるので、あとは簡単なスープとごはんを準備すれば、おなかをすかせた子どもたちも大満足！

③ ホットプレートにごま油を250℃で熱し、**1**を炒める。豚肉の色が変わったら**2**を加える。

④ フタをして、途中混ぜながら200℃で4〜5分焼く。

⑤ フタをはずして水分が多ければ、250℃で水分を飛ばすように全体を混ぜながら炒める。

たっぷりの野菜を
モリモリ食べられる！

八宝菜風野菜炒め

材料（4人分）

豚こま切れ肉…300g
A 塩…小さじ1/4
　　酒…大さじ1
　　片栗粉…大さじ1/2
　　粗びき黒こしょう
　　　…少々
キャベツ…1/4個
長ねぎ…1本
にんじん…1/3本
ピーマン…2個
かに風味かまぼこ…100g

オイスターソース…大さじ2
サラダ油…大さじ1
B 酒…大さじ1
　　片栗粉…大さじ1/2
　　鶏がらスープの素（顆粒）
　　　…小さじ1
　　水…100㎖

下準備

① 豚肉は食べやすい大きさに切り、**A**を順に加えてあえる。

② キャベツは食べやすい大きさにちぎり、芯は薄切りにする。長ねぎは1㎝幅の斜め切りにし、にんじんは縦半分に切り、3㎜幅の薄切りにする。ピーマンは種とワタを取り除き、食べやすい大きさに乱切りにする。かに風味かまぼこは大きめに割く。

調理START！　　　**HOT PLATE** 250℃ ▶ 200℃

献立のヒント

かに風味かまぼこを加えることで、魚介のうまみも加わりおいしさがアップします。もちろん、冷凍のシーフードミックスを加えても◎。

③ ホットプレートにサラダ油を250℃で熱し、**1**を炒める。豚肉の色が変わったら**2**をのせる。

④ フタをして、200℃で3分ほど蒸し焼きにする。

⑤ オイスターソースを加えて全体にからめ、混ぜ合わせた**B**を加えてとろみがつくまで炒める。

根菜をずらりと並べて、見た目も食べ応えも満点！

塩麹でやさしくもしっかりとした味つけに！

豚バラと根菜の重ね蒸し

材料（4人分）

豚バラ薄切り肉…300g
A｜甜麺醤…大さじ3
　　オイスターソース・みりん…各大さじ2
　　片栗粉…大さじ1
　　にんにくのすりおろし…小さじ1
さつまいも…1本
れんこん…1節
白いりごま…大さじ1
酒…70mℓ

下準備

① 豚肉は7cm幅に切り、Aをよくもみ込む。

② さつまいも、れんこんは5mm幅に切り、水にさらしてアク抜きをし、水けをふき取る。

調理START!　　HOT PLATE **200℃**

③ ホットプレートにさつまいも、豚肉、れんこん、豚肉の順に少しずつ重ねながら並べる。1の残りのタレに酒を加えて混ぜ、全体にまわしかける。

④ フタをして、途中様子を見ながら200℃で5〜6分蒸し焼きにする。

⑤ さつまいもに竹串を刺し、スッと通ったら白いりごまをふる。

豚バラと白菜の塩麹蒸し

材料（4人分）

豚バラ薄切り肉…300g
塩麹…大さじ3
白菜…1/4個
A｜酒・水…各50mℓ
めんつゆ（ストレート）・長いも（すりおろし）…各適量

下準備

① 豚肉は塩麹をもみ込む。

② 白菜の葉に1を挟みながら層にして、4cm幅に切る。

調理START!　　HOT PLATE **200℃**

③ ホットプレートに2を少しずつ重ねながら並べ、Aをまわしかける。

④ フタをして、途中様子を見ながら200℃で10分ほど蒸し焼きにする。

⑤ 器にめんつゆ、長いもを入れ、4をくぐらせていただく。

みんなでワイワイ巻きながら食べて楽しい！

骨つき肉で豪快な料理に。マーマレードで照り感も◎

サムギョプサル

材料（4人分）

豚バラかたまり肉…300g
塩…小さじ1
粗びき黒こしょう
　…小さじ1/2
長ねぎ…2本
白菜キムチ…200g
サンチュ・えごま…各適量

A　にら（5mm幅の小口切り）
　…1/2束分
コチュジャン…50g
白すりごま…大さじ2
みそ・オイスターソース・
　砂糖・酢…各大さじ1

下準備

① 豚肉は5mm幅に切り、塩、粗びき黒こしょうをふる。
　長ねぎは3cm幅に切る。

調理START!　　HOT PLATE **250℃**

② ホットプレートを250℃で熱し、豚肉を中央で焼き、
　両面に焼き色がついたら上下に長ねぎ、両端にキム
　チをのせる。

③ サンチュにえごま、2、よ
　く混ぜ合わせたAをのせて
　巻き、いただく。

BBQスペアリブ

材料（4人分）

スペアリブ（または豚バラ肉）
　…12本（800g）
塩…小さじ1
粗びき黒こしょう
　…小さじ1/2
小麦粉…大さじ2
玉ねぎ…2個

オリーブ油…小さじ1
A　マーマレード…大さじ4
しょうゆ…大さじ3
にんにくのすりおろし
　…小さじ1

下準備

① スペアリブの面に縦の切り目を入れ、塩、粗びきこ
　しょう、小麦粉をまぶす。玉ねぎは8等分のくし形
　切りにする。

調理START!　HOT PLATE **250℃ ▶ 180℃ ▶ 250℃**

② ホットプレートを250℃で熱し、スペアリブを並べ
　て両面焼き色がつくまで焼き、隙間に玉ねぎを入れ
　る。

③ フタをして、途中様子を見ながら180℃で7〜8分
　焼く。

④ 混ぜ合わせたAを加え、250℃で焼きからめる。

牛肉×野菜のおかず

うまみたっぷりの牛肉のアレンジメニューを、ロー杯に頑張って！
プルコギやトルティーヤ、もち米といっしょに食べるおかずなど、レパートリーも豊富です。

プルコギ

材料（4人分）

牛切り落とし肉…400g
きくらげ(乾燥)…5g
にんじん…1本
玉ねぎ…1個
しめじ…1パック
小松菜…1束
赤唐辛子(輪切り)…1本分
鶏がらスープの素(顆粒)…大さじ1/2
塩・こしょう…各少々
ごま油…大さじ1

A しょうゆ・オイスターソース・砂糖
　　　…各大さじ2
　　コチュジャン…大さじ1
　　すりおろしにんにく…大さじ1/2
糸唐辛子・白いりごま…各適量

下準備

① 牛肉は食べやすい大きさに切り、混ぜ合わせた**A**の大さじ2であえる。

② きくらげはぬるま湯で戻し、せん切りにする。にんじん、玉ねぎはせん切りにし、しめじは石づきを切り落としてほぐす。小松菜は茎は4cm幅、葉は1cm幅に切る。

調理START!　　　　　HOT PLATE **250**℃

③ ホットプレートにごま油、赤唐辛子を250℃で熱し、1を炒める。色が変わったら2をのせ、鶏がらスープの素をかける（a）。

④ フタをして、5分ほど蒸し焼きにする。

⑤ 残りの**A**をまわしかけ、水分を飛ばすように炒め、塩、こしょうで味を調える。糸唐辛子、白いりごまをかける。

献立のヒント

残ったタレをごはんやうどんに入れて炒めてもおいしい。レタスに巻いて食べれば、お酒のおつまみにもぴったりです。

a

盛りつけ方

最後に糸唐辛子を散らせば、本格的なお店のような仕上がりに。辛くないので、お子さまといっしょに食べられます。

ごはんにも
お酒にも合う！
食欲がわき上がること
間違いなし！

具材が探しやすいのも
ホットプレートの魅力!

もち米を
使うのがポイント。
パクチーを加えて
アジア感アップ!

焼きすき

材料（4人分）

牛肩ロース肉（すき焼き用）
…500g
長ねぎ…2本
白菜…1/4個
春菊…1/2束
しいたけ…4枚
えのきだけ…2袋
焼き豆腐…1丁

しらたき（アク抜き済み）
…1袋（180g）
ごま油…大さじ1
A しょうゆ…70㎖
みりん…50㎖
砂糖…50g
けずり節…6g
溶き卵…4個分

下準備

① 長ねぎは2㎝幅の斜め切りにし、白菜は横3等分に切り、軸1/3は7㎜幅、それ以外は2㎝幅に切る。春菊は根元1㎝を切り落とし、葉と茎を切り分ける。しいたけは軸を切り落として半分に切り、えのきだけは根元を切り落とし、ほぐす。焼き豆腐はザルにあげて水けをきり、縦半分、横4等分に切る。しらたきはさっと洗い水けをきり、ざく切りにする。

調理START!　HOT PLATE 250℃ ▶ 200℃

② ホットプレートにごま油を250℃で熱し、牛肉、長ねぎを焼く。よく混ぜ合わせた**A**を半量まわしかけ、牛肉と長ねぎを端に寄せ、春菊の葉以外の具材を並べ入れ、残りの**A**をまわしかける。
③ フタをして、途中様子を見ながら200℃で8〜10分煮込む。
④ 具材に味が染みたら春菊の葉を加えひと煮立ちさせ、溶き卵にくぐらせていただく。

牛肉のアジアン巻き

材料（4人分）

牛切り落とし肉…400g
セロリの茎…2本分
サンチュ…1束
みょうが…3本
パクチーの葉…1束分
ミント…適量
もち米のごはん
（またはごはん）…400g
塩・こしょう…各適量
サラダ油…大さじ1

A セロリの葉（粗みじん切り）
…1本分
ナンプラー…大さじ3
砂糖…大さじ1/2
にんにくのすりおろし
…小さじ1

B ナンプラー…大さじ2
パクチーの茎（小口切り）・
砂糖…各大さじ1
赤唐辛子（輪切り）…1/2本分
ライムの搾り汁…1/2個分

下準備

① 牛肉は食べやすい大きさに切り、混ぜ合わせた**A**の半量であえる。
② セロリは1㎝幅の斜め薄切りにする。
③ サンチュは1枚ずつはがし、みょうがは薄切りにする。パクチーはざく切りにする。

調理START!　HOT PLATE 250℃

④ ホットプレートにサラダ油を250℃で熱し、**1**を色が変わるまで炒める。**2**を加え、残りの**A**をまわしかけ、全体にからめるように炒める。塩、こしょうで味を調える。
⑤ **4**を片側に寄せ、もち米のごはんを広げて焼きつける。
⑥ サンチュに**4**、**5**、みょうが、パクチー、ミントをのせて包み、よく混ぜた**B**をつけながらいただく。

みんなでワイワイ巻きながら、異国の旅気分！

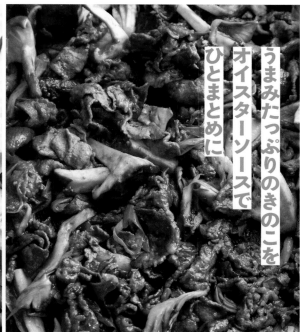

うまみたっぷりのきのこをオイスターソースでひとまとめに

ファヒータ

材料（4人分）

牛切り落とし肉…400g
A｜パプリカパウダー・塩…各大さじ1/2
　｜チリパウダー…小さじ1〜2
　｜クミンパウダー・ドライオレガノ…各小さじ1
　｜粗びき黒こしょう…小さじ1/2
赤パプリカ…2個
玉ねぎ…1個
バジル…適量
トルティーヤ・サニーレタス…各10枚
オリーブ油…大さじ1

下準備

① 牛肉は食べやすい大きさに切り、Aであえる。
② 赤パプリカは種とワタを取り除き、1cm幅に切る。玉ねぎは1cm幅のくし形切りにする。

調理START!　　HOT PLATE **250℃**

③ ホットプレートにオリーブ油を250℃で熱し、1を色が変わるまで炒める。2を加え、全体が混ざるように炒め、ざく切りにしたバジルを散らす。
④ 3を中央に寄せ、半分に切ったトルティーヤを焼く。
⑤ 4のトルティーヤにちぎったサニーレタス、3をのせて巻く。

牛肉ときのこの オイスター炒め

材料（4人分）

牛切り落とし肉…400g
長ねぎ…1本
エリンギ・まいたけ…各1パック
しいたけ…1パック（6〜8枚）
赤唐辛子(輪切り)…1本分
塩・こしょう…各少々
ごま油…大さじ1

A｜酒・オイスターソース…各大さじ2
　｜甜麺醤（またはみそ）…大さじ1
　｜片栗粉…大さじ1/2
　｜すりおろしにんにく…小さじ1

下準備

① 牛肉は食べやすい大きさに切り、混ぜ合わせたAの大さじ1であえる。長ねぎは斜め薄切りにする。
② エリンギは長さを半分に切り、縦6等分に切る。まいたけは食べやすい大きさに割き、しいたけは石づきを切り落とし、縦4等分に切る。

調理START!　　HOT PLATE **250℃**

③ ホットプレートにごま油、赤唐辛子を250℃で熱し、1を牛肉の色が変わるまで炒める。2を加え、焼き色がつくまで炒めたら、残りのAをまわしかけ、水分を飛ばすように炒め、塩、こしょうで味を調える。

ひき肉×野菜のおかず

ひき肉はハンバーグにしたり、肉団子や餃子など、さまざまな形に変化して、
食卓を楽しませてくれます。お弁当のおかずにも使えるので、多めに作ると便利です。

煮込み風ハンバーグ

材料（4人分）

玉ねぎ…1/2個
しめじ…1パック
オリーブ油…大さじ1/2
A 合いびき肉…400g
　玉ねぎ（極薄切り）…1/2個分
　パン粉…2/3カップ
　溶き卵…1個分
　トマトケチャップ…大さじ3
　塩…小さじ1/2
　こしょう…少々

B ホールトマト缶…1缶
　中濃ソース…大さじ3
　にんにくのすりおろし…小さじ1
　塩…小さじ1/2
　白ワイン（または酒）…50ml
パセリ（みじん切り）…適量

下準備

① 玉ねぎは極薄切りにし、しめじは石づきを切り落として大きめにほぐす。

② Aをよくこねて8等分にし、空気を抜くように1cm厚さの丸形に成形する。

調理START！ HOT PLATE 200℃ ▶ 180℃ ▶ 250℃

③ ホットプレートにオリーブ油を200℃で熱し、2を片面焼き色がつくまで焼き、上下を返す（a）。

④ 1を加え（b）、油がまわるように炒め、混ぜ合わせたBを加える。

⑤ フタをして、途中混ぜながら180℃で7〜8分煮込む。

⑥ フタをはずして水分が多ければ、250℃で水分を飛ばすように煮詰める。パセリを散らす。

／ 献立のヒント ＼

ごはんに添えたワンプレートはもちろん、ゆでたパスタとあわせても絶品です。コクのあるトマト味で、満腹感もしっかり得られます。サラダはカット野菜や、レンチンしたブロッコリーでOK！ソースがからんでおいしくいただけます。

盛りつけ方

ソースたっぷりののっけごはんに！　サラダも添えてワンプレートで出すのもおすすめです。余裕があればスープをつけると、よりバランスがととのって◎。

a

b

きのことトマトで
うまみたっぷりの
ソースをごはんにも
かけて召し上がれ

スパイスを使って本格的に！
野菜の甘みも◎

野菜たっぷりドライカレー

材料（4人分）

豚ひき肉…400g
さやいんげん…10〜12本
しいたけ…3枚
にんじん…1本
玉ねぎ…1個
クミンシード（あれば）…大さじ1/2
サラダ油…大さじ1

A ┌ カレー粉…大さじ2
　　└ しょうがのすりおろし・にんにくのすりおろし
　　　…各大さじ1/2

B ┌ 中濃ソース・トマトケチャップ
　　　…各大さじ3
　　├ 塩…小さじ1
　　└ 水…100mℓ

下準備

① さやいんげんは5mm幅の小口切りにし、しいたけは石づきを切り落とし、粗みじん切りにする。にんじん、玉ねぎは粗みじん切りにする。

調理START！　HOT PLATE **250℃** ▶ **180℃** ▶ **250℃**

---

② ホットプレートにサラダ油、あればクミンシードを250℃で熱し、香りが出てきたらひき肉、**A**を加えて色が変わるまで炒める。**1**を加え、全体に油がまわるように炒め、**B**を加える。

③ フタをして、途中混ぜながら180℃で5〜6分煮込む。

④ フタをはずして水分が多ければ、250℃で水分を飛ばすように炒める。

╲　献立のヒント　╱

肉も野菜もとれるバランスのよい一品。さっぱりと食べられるように、浅漬けやピクルスを添えても。

にんにくやコチュジャンのパンチが食欲をそそる！

チャプチェ

材料（4人分）

合いびき肉…400g
干ししいたけ（スライス）…8g
にんじん…2/3本
玉ねぎ…1個
しらたき（アク抜き済み）…2袋
にら…1/2束
赤唐辛子（輪切り）…1/2本分
塩・こしょう…各適量
ごま油…大さじ1/2
A｜コチュジャン・オイスターソース…各大さじ2
　｜しょうゆ…大さじ1と1/2
　｜にんにくのすりおろし…大さじ1/2
白いりごま…大さじ1

盛りつけ方

しらたきがからまりやすいので、トングがあれば使うと便利。途中味を変えたいときは、ごま油やラー油をかけても美味。

下準備

① 干ししいたけは大さじ3のぬるま湯で戻す（戻し汁はとっておく）。にんじん、玉ねぎは細切りにし、しらたきはさっと洗って水けをきり、ざく切りにする。

② にらは4cm幅に切る。

調理START!　　　　HOT PLATE 250℃

献立のヒント

ごはんにのせたのっけ丼や、レタスに包めばさっぱりとおいしくいただけます。わかめスープや、中華スープに小口切りにした長ねぎを入れたシンプルな汁物がよく合います。

③ ホットプレートにごま油、赤唐辛子を250℃で熱し、ひき肉を色が変わるまでゴロッと形を残すように炒める。1を加えて炒め、A、干ししいたけの戻し汁を加え、水分を飛ばすように炒める。

④ 塩、こしょうで味を調え、白いりごま、2を加えてさっと炒める。

ケチャップで作る
マイルドな酸味

皮を使わずに
ヘルシーなしっとり
シューマイに！

甘酢団子

材料（4人分）

玉ねぎ…1個
しいたけ…5枚
小麦粉…大さじ1
サラダ油…大さじ1/2
A 合いびき肉…400g
　　パン粉…1/2カップ
　　みそ・酒…各大さじ1
B トマトケチャップ…大さじ4
　　酒…大さじ2
　　オイスターソース・酢…各大さじ1
　　鶏がらスープの素（顆粒）…小さじ1
　　片栗粉…大さじ1/2
　　水…100㎖

下準備

① **A**をよくこねて10等分にし、空気を抜くように丸め、小麦粉を薄くまぶす。

② 玉ねぎはひと口大に切り、しいたけは石づきを切り落とし、縦4等分に切る。

調理START！	HOT PLATE **200℃**

③ ホットプレートにサラダ油を200℃で熱し、**1**を転がしながら全体に焼き色がつくまで焼く。

④ フタをして、途中転がしながら3分ほど焼く。

⑤ **2**を加え、2分ほど炒めたら混ぜ合わせた**B**を加え、とろみがつくまで混ぜながら炒める。

キャベツシューマイ

材料（4人分）

キャベツ…1/4個
片栗粉…大さじ1/2
A 桜えび（乾燥／粗みじん
　　切り）…5g
　　オイスターソース
　　…大さじ1と1/2
　　しょうがのすりおろし
　　…大さじ1/2
　　長ねぎ…1本

しいたけ…4枚
B 豚ひき肉…400g
　　片栗粉…大さじ3
　　卵白…1個分
　　鶏がらスープの素（顆粒）
　　…小さじ1
ポン酢しょうゆ・練りからし
　　…各適量

下準備

① キャベツはせん切りにしてポリ袋に入れ、片栗粉を加えて繊維を壊すように軽くもみ込む。

② **A**の長ねぎは5㎜幅の小口切りにし、しいたけは軸を切り落とし1㎝角に切る。

③ ボウルに**A**を入れてよく混ぜ、**B**を加えて粘りけが出るまでこねて30等分にする。

調理START！	HOT PLATE **150℃**

④ ホットプレートに**3**に**1**をまぶしながら間隔を空けて並べ入れ、残った**1**は均等に上からのせ、水100㎖（分量外）をまわしかける。

⑤ フタをして、途中様子を見ながら150℃で10〜15分蒸し焼きにする。

⑥ ポン酢しょうゆ、練りからしをつけていただく。

小松菜棒餃子

材料（4人分）

餃子の皮（大判薄皮）…20枚
小松菜… 1束
長ねぎ…1/2本

A 豚ひき肉…200g
　片栗粉…大さじ2
　オイスターソース
　　…大さじ1
　しょうがのすりおろし
　　…大さじ1/2
　鶏がらスープの素（顆粒）…小さじ1

B しょうゆ…大さじ3
　酢…大さじ2
　ラー油…大さじ1/2
　　〜1

サラダ油…大さじ1
ごま油…大さじ1/2

下準備

① 小松菜は1cm幅に切り、長ねぎは5mm幅の小口切りにする。あわせて塩小さじ1/3（分量外）をもみ込んで10分ほどおき、水けをしっかりしぼる。

② ボウルに**1**、**A**を入れ、よくこねて20等分にし、餃子の皮に包む。

調理START!　HOT PLATE **200℃ ▶ 250℃**

③ ホットプレートにサラダ油を**200℃**で熱し、**2**のとじ目を下にして入れ、水100㎖（分量外）を加える。

④ フタをして、7分ほど蒸し焼きにする。

⑤ フタをはずして**250℃**で水分を飛ばすように焼きつけ、上下を返してごま油をまわしかけ、さらに1分ほど焼く。

⑥ 混ぜ合わせた**B**をつけていただく。

ピーマンとつくねの
さつま揚げ

材料（4人分）

ピーマン… 8個
片栗粉・サラダ油
　…各大さじ1

A 鶏ひき肉…200g
　小ねぎ… 5本
　片栗粉…大さじ1
　　と1/2
　みそ…大さじ1/2
　けずり節… 3g

B はんぺん… 2枚
　ホールコーン…50g
　片栗粉・酒…各大さじ1
　すりおろししょうが
　　…小さじ1

C みりん…大さじ2
　しょうゆ…大さじ1と1/2
　水…大さじ1

下準備

① ピーマンは縦半分に切り、種とワタを取り除いてポリ袋に入れ、片栗粉を加えて全体にまぶすようにふる。

② **A**、**B**をそれぞれよくこね、それぞれを8等分にして**1**に詰める。

調理START!　HOT PLATE **180℃**

③ ホットプレートにサラダ油を**180℃**で熱し、**2**の詰めた面を下にして並べ入れる。

④ フタをして、途中様子を見ながら7〜8分焼く。

⑤ 混ぜ合わせた**C**を加え、全体にからめる。

魚介類×野菜のおかず

魚介類を使ったメイン料理もホットプレートにお任せ！フタをして加熱すれば、
ふっくらとおいしい仕上がりに。トマト煮やホワイトソースで食べ応えも満点です。

鮭のちゃんちゃん焼き

材料（4人分）

生鮭（切り身）…4切れ
キャベツ…1/2個
長ねぎ…2本
ホールコーン…100g
バター…30g
A みそ…大さじ3
みりん…大さじ2
しょうがのすりおろし…小さじ1
酒…50㎖

下準備

① 鮭はペーパータオルで水けをしっかりふき取り、3等分に切る。混ぜ合わせた**A**の大さじ1であえる。

② キャベツは食べやすい大きさにちぎり、長ねぎは2cm幅の斜め切りにする。

調理START!　　　　HOT PLATE **200**℃

③ ホットプレートにキャベツ、長ねぎ、コーン、**1**の順にのせ、小さく切ったバターを散らす。残りの**A**をまわしかける。

④ フタをして、途中様子を見ながら200℃で3〜5分蒸し焼きにする。

献立のヒント

みそとバターのコク深い味つけで、たっぷりのキャベツもあっという間に食べきれます。みそラーメンの具材としてもぴったりです。

盛りつけ方

鮭はホロホロと崩れてしまうので、箸で取り分けるのがベスト。もし崩れてしまっても、全体を混ぜ合わせてごはんにのせると食べやすいので、子どもにおすすめです。

みそバターコーンで
子どもから大人まで
みんな大好き！
蒸し焼きだから
ふっくら仕上がる！

クリーミーなソースに
黒こしょうを
キリッと効かせて

たらとじゃがいものグラタン

材料（**4人分**）

生たら（切り身）… 4切れ
塩…小さじ1
粗びき黒こしょう…小さじ1/2
じゃがいも（大）… 6個
A 生クリーム…300㎖
　　にんにくのすりおろし・塩…各大さじ1/2
　　粗びき黒こしょう…小さじ1/2
粗びき黒こしょう・パセリ（みじん切り）…適量

下準備

① 生たらはペーパータオルで水けをおさえて4等分に切り、塩、粗びき黒こしょうをふる。

② じゃがいもは皮をむき、スライサーなどで極薄切りにする。

調理 START!　　　**HOT PLATE** **200**℃ ▶ **170**℃

③ ホットプレートに**2**を敷き詰め、**1**をのせ、よく混ぜ合わせた**A**を全体にまわしかける。

④ フタをして、**200**℃で加熱し、煮立ったら**170**℃で30〜40分、じゃがいもに竹串がスッと入るまで焼く。

⑤ 粗びき黒こしょう、パセリを散らす。

調理のヒント

スライサーを使って時短に。じゃがいもは直接ホットプレートにスライサーで薄切りにしながら入れていくと、時短になっておすすめです。

淡白なカジキも
トマト煮込みで
コク深い絶品料理に！

かじきときのこのトマト煮

材料（4人分）

かじきまぐろ(切り身)…4切れ
塩…小さじ1
粗びき黒こしょう…少々
小麦粉…大さじ1
しめじ・エリンギ…各2パック(400g)
セロリの茎…1本分
オリーブ油…大さじ1
A ┃ ホールトマト缶…1缶
　　┃ 中濃ソース…大さじ3
　　┃ すりおろしにんにく…小さじ1
セロリの葉(せん切り)…適量

下準備

① かじきまぐろは半分に切り、塩小さじ1/2、粗びき黒こしょう、小麦粉をふる。セロリの茎は斜め薄切りにする。

② しめじは石づきを切り落とし、大きめにほぐす。エリンギは長さを半分に切り、縦6等分に切る。

調理START!　　HOT PLATE **200℃ ▶ 250℃**

╱ 献立のヒント ╲

かじきまぐろのほかに、ぶりやたらなどでも楽しめます。きのことトマトのうまみがたっぷりのソースを存分に味わいましょう。

③ ホットプレートにオリーブ油を200℃で熱し、**1**を入れ、かじきまぐろに両面焼き色がつくまで焼く。**2**を加え、全体を混ぜたら**A**、残りの塩を加えてひと混ぜする。

④ フタをして、途中混ぜながら5分ほど煮込む。

⑤ フタをはずして水分が多ければ、250℃で水分を飛ばすように煮詰める。セロリの葉を散らす。

お酒がふわっと香って食欲をそそる

根菜がゴロゴロ入った大満足おかず

あさりと白菜の酒蒸し

材料（4人分）

あさり（殻つき）…400g
白菜…1/4個
長ねぎ…1本
A｜酒…100ml
｜にんにくのすりおろし…小さじ1
｜塩…小さじ1/3

下準備

① あさりは殻をこすり洗いし、バットに重ならないように入れ、3%の食塩水（分量外）をあさりの頭が少し出るくらいまで加え、アルミホイルをかぶせ光が入らないようにし、冷蔵庫で一晩おいて砂抜きし、さらにこすり洗いする。

② 白菜は2cm幅に切り、長ねぎは1cm幅の斜め切りにする。

調理START! HOT PLATE 200℃▶150℃

③ ホットプレートに白菜を敷き詰め、1、長ねぎの順にのせ、Aをまわしかける。

④ フタをして、途中様子を見ながら200℃で蒸し、蒸気が出てきたら150℃に下げ、さらに5分ほど蒸す。

さばと根菜のみそ煮

材料（4人分）

さば（3枚おろし）…2尾分
ごぼう…1本
にんじん…1本
里いも（小）…6個
サラダ油…大さじ1/2
A｜みそ…大さじ3
｜みりん…大さじ2
｜しょうゆ・砂糖…各大さじ1
｜しょうがのすりおろし…小さじ1
｜水…100ml
七味唐辛子…適宜

下準備

① さばはペーパータオルで水けをおさえ、3等分に切る。

② ごぼうは皮をこそげ落とし、長めの乱切りにし、水にさらしてアク抜きをし、水けをふき取る。にんじんは長めの乱切りにし、里いもは皮をむいて半分に切る。

調理START! HOT PLATE 200℃▶150℃

③ ホットプレートにサラダ油を200℃で熱し、2を2～3分炒め、1を加えて両面焼き色がつくまで焼く。よく混ぜ合わせたAをまわしかける。

④ フタをして、途中混ぜながら150℃で10分ほど煮込む。お好みで七味唐辛子をふる。

彩りのきれいな一品。
マスタードの酸味が美味

白身魚にほんのり
山椒のアクセント

サーモンとブロッコリーの
マスタードクリーム

材料（4人分）

サーモン（切り身）…4切れ
塩…小さじ1/2
小麦粉…大さじ1
ブロッコリー…1株
セロリ…1本
オリーブ油…大さじ1

A 生クリーム…200㎖
粒マスタード…大さじ3
塩…小さじ1/2

下準備

① サーモンはペーパータオルで水けをおさえ、3等分に切り、塩、小麦粉をふる。
② ブロッコリーは食べやすい大きさの小房に分ける。セロリの茎は斜め薄切りにし、セロリの葉はせん切りにする。

調理START！ HOT PLATE **200**℃▶**180**℃▶**200**℃

③ ホットプレートにオリーブ油を200℃で熱し、**1**、セロリの茎を焼く。サーモンの両面にうっすら焼き色がついたらブロッコリーを加える。
④ フタをして、180℃で5分ほど蒸し焼きにする。
⑤ **A**をまわしかけ、200℃で全体にからめるように混ぜ、とろみがついたらセロリの葉を散らす。

白身魚とたっぷり
野菜のあんかけ

材料（4人分）

白身魚（たらなど／切り身）…4切れ
粉山椒…小さじ1/2
片栗粉…大さじ1
にんじん…1本
玉ねぎ…1個
ピーマン…3個
しめじ…1パック
サラダ油…大さじ1

A しょうゆ・みりん…各大さじ2
片栗粉…大さじ1
塩…小さじ1/3
けずり節…3ｇ
水…200㎖

下準備

① 白身魚はペーパータオルで水けをおさえ、粉山椒、片栗粉をまぶす。
② にんじん、玉ねぎ、ピーマンはせん切りにし、しめじは石づきを切り落とし、大きめにほぐす。

調理START！ HOT PLATE **200**℃▶**180**℃▶**200**℃

③ ホットプレートにサラダ油を200℃で熱し、**1**を両面うっすら焼き色がつくまで焼き、上に**2**をのせる。
④ フタをして、180℃で7〜8分蒸し焼きにする。
⑤ **A**を加えて200℃に上げ、白身魚を崩さないよう全体を混ぜてとろみをつける。

子どもといっしょに作る ホットプレートごはん

ホットプレートを囲みながら、子どもといっしょにごはんを作れば、目も届いて安心！
なにより子どもにとっても自分で作ったごはんは特別になること間違いなし。

お休みの日のお昼ごはん

ガーリックステーキライス

材料（4人分）

牛ステーキ用肉… 4枚(120g×4枚)
塩…適量
粗びき黒こしょう…適量
ごはん…800g
玉ねぎ… 1個
ピーマン… 2個
ホールコーン…100g
しょうゆ…大さじ3
ガーリックチップ…30g
オリーブ油…大さじ1
バター…20g
パセリ(みじん切り)…適量

作り方

① 牛肉は常温に戻し、塩小さじ1、粗びき黒こしょう少々をふる。

② 玉ねぎ、ピーマンは粗みじん切りにする。

③ ホットプレートにオリーブ油を250℃で熱し、1を両面1分ずつ焼き、一度取り出して5分ほど休ませ、食べやすい大きさに切る。

④ 3のホットプレートを再び250℃に熱し、2、コーンを入れて炒め、ごはんを加えてさらに炒める。しょうゆ、バター、ガーリックチップを加え、塩、粗びき黒こしょう各少々で味を調える。3をのせ、パセリを散らす。

盛りつけ方

子どもが小さく、ステーキ肉が食べづらい場合は、小さく切って混ぜごはんにしても◎。食べやすいうえに、うまみが全体にまんべんなく広がります。

牛肉のうまみと
ガーリックバターが
ごはんに
からんで激うま！

しっかり食事系から
おやつまで、
好きなように
トッピング!

食事＆おやつ

パンケーキパーティー

材料（4人分／パンケーキ12枚分）

ウインナーソーセージ（斜めに切り目を入れる）
　…10本
ホールコーン…200g
サラダ油・塩・粗びき黒こしょう…各適量

A ホットケーキミックス…300g
　牛乳…200㎖
　プレーンヨーグルト…200g
　卵…2個
　溶かしバター…30g
B 生クリーム…1パック
　砂糖…大さじ2
パセリ（みじん切り）・季節のフルーツ・
　メープルシロップ…各適量

作り方

① ホットプレートにサラダ油を170℃で熱し、片側
によく混ぜた**A**をレードル1杯分ずつ流し入れ、
直径15㎝のパンケーキを焼く。デザート用は取
り置く。

② **1**の反対側にウインナーソーセージ、コーンを入
れて焼き、塩、粗びき黒こしょうをふり、パセリ
を散らす。

③ 焼きたてのパンケーキにはウインナーソーセージ、
コーンをのせ、**1**の取り置いたパンケーキには、
混ぜて泡立てた**B**、季節のフルーツをのせ、メー
プルシロップをかける。

子どもがひっくり返してみたいときは、小さめに作ってチャレンジ！

家族みんなで作るごはん

家族みんなでお好みパーティー

材料（4人分）

豚バラ薄切り肉…12枚
キャベツ…1/2個
卵…4個
サラダ油…適量
A｜薄力粉…150g
　｜ベーキングパウダー…大さじ1/2
　｜昆布茶…大さじ1/2
　｜けずり節…6g
水…270㎖
長いも（すりおろし）…80g
ソース・マヨネーズ・青のり・けずり節
　…各適量

作り方

① キャベツは1㎝角に切る。

② ボウルにAを入れてよく混ぜ、水を少しずつダマにならないように加えて混ぜ、長いもを加えてさらに混ぜる。

③ ボウルに1と2の1/4量を焼く直前に混ぜ合わせる。

④ ホットプレートにサラダ油を200℃で熱し、豚肉を焼く。豚肉の上に3をのせ、豚肉にカリッと焼き目がついたら上下を返す。

⑤ 空いているスペースに卵を割り入れて半熟の目玉焼きを作り、4の豚肉の面を目玉焼きの上にのせ、1分ほど焼く。ソース、マヨネーズをかけ、青のり、けずり節をのせる。これを4個分作る。

PART 3

基本の平面プレートで作る ごはん&麺&パンレシピ

ホットプレートがあれば、ごはん料理はもちろん、
パスタや焼きそば、うどんなどの麺料理も作れるから、休日のランチにぴったり。
そのうえ、パンも発酵から焼き上がりまで、ホットプレートひとつで作れます。
基本の生地を使って、さまざまなパンを焼いてみましょう。

ごはん

ごはんにたっぷりの具材を混ぜ込んで、たんぱく質や野菜もしっかり取れて、
一品完結できる献立です。わぁっと歓声が上がること間違いなし！

パエリア

材料（4人分）

米… 2合
あさり（殻つき／P62下準備1参照）…200g
えび（殻つき）… 10尾
鶏もも肉… 1枚
塩… 小さじ1
粗びき黒こしょう… 小さじ1/2
玉ねぎ… 1個
赤パプリカ… 1個
ベーコン… 5枚
にんにくのすりおろし… 小さじ1
カレー粉… 大さじ1
オリーブ油… 大さじ2
パセリ（みじん切り）… 適量

下準備

① えびは殻の上から背ワタを取り除き、塩水で洗って水けをしっかりふき取る。鶏肉はペーパータオルで水けをしっかりふき取り、厚みが均一になるように開き、余分な脂を取り除く。ひと口大に切り、塩小さじ1/2、粗びき黒こしょうをふる。

② 玉ねぎ、赤パプリカは粗みじん切りにし、ベーコンは2cm幅に切る。

調理START！ HOT PLATE **250℃** ▶ **200℃** ▶ **150℃**

③ ホットプレートにオリーブ油を250℃で熱し、2、にんにく、カレー粉、残りの塩を入れて炒める。洗米して水けをきった米を加え、表面がうっすら透き通ってきたら水400ml（分量外）を注ぎ入れ、1、あさりをまんべんなくのせる。

④ 3が煮立ったらフタをして、200℃で10分加熱する。150℃に下げてさらに15分ほど加熱し、そのまま10分ほど蒸らす。

⑤ パセリを散らす。

> 献立のヒント

サフランを使う代わりにカレー粉で色づけして、手軽さを実現しました。また、見た目やボリューム感は劣りますが、冷凍のシーフードミックスを使っても◎。

盛りつけ方

ゴロゴロと入った魚介類と鶏肉、取り分けるときはバランスよく具材を拾って盛りつけて。お好みで粗びき黒こしょうを効かせてもよいでしょう。

ゴロッと入った魚介類で、ホームパーティでも映えること間違いなし！

おこげがカリッと美味。卵をからめて召し上がれ！

石焼きビビンバ風

材料（4人分）

ごはん…600g	
牛切り落とし肉…300g	
きくらげ(乾燥)…5g	
にんじん…1本	
玉ねぎ…1個	
にら…1/2束	
卵…4個	
ごま油…大さじ2	

A
しょうゆ…大さじ3
コチュジャン…大さじ2
オイスターソース・
にんにくのすりおろし・砂糖
…各大さじ1
白いりごま…大さじ1
コチュジャン…適宜

下準備

① 牛肉は食べやすい大きさに切り、混ぜ合わせた**A**の大さじ2であえる。

② きくらげはぬるま湯で戻し、せん切りにする。にんじん、玉ねぎはせん切りにし、にらは4cm幅に切る。

調理START!　　　　　　　　　　　　　　HOT PLATE **250℃**

③ ホットプレートにごま油を250℃で熱し、**1**を色が変わるまで炒める。きくらげ、にんじん、玉ねぎを加え、しんなりするまで炒める。

④ ごはん、にら、残りの**A**を加え、全体が混ざるように炒め、ホットプレート全体に広げる。

⑤ フタをして、3分ほど焼きつける。

⑥ フタをはずして4ヵ所にくぼみを作り、卵を割り入れ、再度フタをして2分ほど焼く。白いりごまをふり、お好みでコチュジャンを添える。

献立のヒント

ビビンバには、わかめスープがぴったり。さっぱりとして、ごはんがすすみます。

生野菜をたっぷりのせてヘルシーに！

ホットプレートを駆使した豪快な一品！

タコライス

材料（4人分）

ごはん…600g	**A** 玉ねぎ（粗みじん切り）…1/2個分
合いびき肉…300g	トマトケチャップ・中濃ソース…各大さじ3
ミニトマト…15個	しょうゆ…大さじ1
レタス…1/2個	にんにくのすりおろし…小さじ1
アボカド…2個	塩…小さじ1/2
ピザ用チーズ…100g	こしょう…少々
オリーブ油…大さじ1/2	

下準備

① ミニトマトは半分に切り、レタスは1cm幅に切る。アボカドは小さめの乱切りにする。

調理START! 　HOT PLATE **250℃ ▶ 180℃**

② ホットプレートにオリーブ油を250℃で熱し、ひき肉を色が変わるまで炒める。**A**を加え、水分を飛ばすように炒める。

③ ごはんを加え、全体が混ざるように炒め、ホットプレート全体に広げ、ピザ用チーズをのせる。

④ フタをして、180℃で5分ほど焼く。

⑤ 1を彩りよくのせる。

オムライス

材料（4人分）

ごはん…600g	ピーマン…2個
鶏もも肉…1枚	オリーブ油…大さじ2
塩…小さじ1	**A** トマトケチャップ…大さじ5
こしょう…少々	中濃ソース…大さじ2
ウインナーソーセージ…5本	**B** 溶き卵…5個分
玉ねぎ…1/2個	マヨネーズ…大さじ5
赤パプリカ…1個	トマトケチャップ・パセリ（みじん切り）…各適量

下準備

① 鶏肉はペーパータオルで水けをしっかりとおさえ、厚みが均一になるように開く。余分な脂を取り除き、1.5cm角に切り、塩小さじ1/2、こしょうをふる。

② ウインナーソーセージは7mm幅の輪切りにし、玉ねぎ、赤パプリカ、ピーマンは1cm角に切る。

調理START! 　HOT PLATE **200℃**

③ ホットプレートにオリーブ油大さじ1を200℃で熱し、1をうっすら焼き色がつくまで焼く。2を加えて2分ほど炒める。

④ ごはん、**A**、残りの塩を加え、全体を混ぜ合わせる。

⑤ フタをして、5分ほど焼き、混ぜる。

⑥ 5を中央に形よく寄せ、周りに残りのオリーブ油をまわし入れる。よく混ぜ合わせた**B**を流し入れ、ゆるめのスクランブルエッグ状にし、そのまま1分ほど焼く。トマトケチャップをかけ、パセリをふる。

屋台のような香ばしいソースが食欲そそる！

リーズナブルなかにかまも、見せ方次第！

そばめし

材料（4人分）

ごはん…400g
蒸し中華麺…2玉
豚バラ薄切り肉…300g
塩…小さじ1/2
こしょう…少々
長ねぎ…1本
キャベツ…1/8個
にんじん…1/2本
桜えび(乾燥)…5g
ごま油…大さじ2

A｜中濃ソース…大さじ4
　｜オイスターソース・しょうゆ…各大さじ2
　｜にんにくのすりおろし・しょうがのすりおろし…各小さじ1

紅しょうが・青のり…各適量

下準備

①豚肉は2cm幅に切り、塩、こしょうをふる。

②長ねぎ、キャベツ、にんじんは粗みじん切りにする。蒸し中華麺はかたまりのままざく切りにする。

調理START!　HOT PLATE 250℃

③ホットプレートにごま油、桜えびを250℃で熱し、1を炒める。脂が出てきたら長ねぎ、キャベツ、にんじんを加え、2分ほど炒める。

④ごはん、蒸し中華麺、Aを加え、混ぜながら4〜5分焼きつけ、紅しょうが、青のりをかける。

ゴロゴロかにチャーハン

材料（4人分）

ごはん…600g
かに風味かまぼこ…2パック(200g)
小ねぎ…5本
ピーマン…3個
きくらげ(乾燥)…5g
ごま油…大さじ2
A｜鶏がらスープの素(顆粒)・オイスターソース…各大さじ1
B｜溶き卵…3個分
　｜塩…少々
白いりごま…小さじ1

下準備

①小ねぎは1cm長さに切り、ピーマンは粗みじん切りにする。きくらげはぬるま湯で戻し、粗みじん切りにする。

調理START!　HOT PLATE 200℃

②ホットプレートにごま油大さじ1を200℃で熱し、1を炒める。

③ごはん、Aを加えて炒め、かに風味かまぼこを軽くほぐしながら加え、ざっくりと炒め合わせる。

④中心を空け、残りのごま油を加えて熱し、よく混ぜ合わせたBを流し入れ、大きめの炒り卵を作り、全体に混ぜ合わせる。白いりごまをふる。

つくねライスバーガー

材料（4人分）

レタス…2枚
青じそ…4枚
ごま油…大さじ2
A 鶏ひき肉…400g
　小ねぎ（小口切り）
　　…5本分
　みそ…大さじ1
　片栗粉…大さじ2
　しょうがのすりおろし
　　…小さじ1

B ごはん…800g
　白いりごま・片栗粉
　　…各大さじ1
　塩…小さじ1/2
C しょうゆ・みりん・砂糖
　　…各大さじ1

下準備

① **A**はよくこねて4等分にし、直径12cmの丸形にする。

② **B**はよく混ぜて8等分にし、直径10cmの丸形にする。

調理START!　　　HOT PLATE **200**℃

---

③ ホットプレートにごま油を**200**℃で熱し、**1**を焼く。焼き色がついたら上下を返し、**2**を並べ入れ、両面にこんがりと焼き色がつくまで焼く。

④ ライスを端に寄せ、つくねに混ぜ合わせた**C**をまわしかけ、焼きからめる。

⑤ ライス、ちぎったレタス、青じそ、つくね、ライスの順にのせて作る。

カナッペ風焼きおにぎり

材料（4人分）

A ごはん…800g
　片栗粉…大さじ1
　ごま油…大さじ1/2
　塩…小さじ1/2
B ツナオイル漬け缶（油をしっかりきる）…1缶
　マヨネーズ
　　…大さじ1と1/2
　粗びき黒こしょう…少々

C 明太子…100g
　バター…50g
D 鶏ひき肉…100g
　小ねぎ（小口切り）
　　…2本分
　みそ…大さじ1
　オイスターソース
　　…小さじ1
　しょうがのすりおろし
　　…小さじ1/2
　ごま油…大さじ1
刻みのり・パセリ…各適量

下準備

① **A**はよく混ぜて12等分にし、平たい丸型にする。

② **B**、**C**はそれぞれよく混ぜる。耐熱ボウルに**D**を入れ、ラップはかけずに電子レンジで5分加熱する。水分が多ければ、様子を見ながらさらに電子レンジで加熱する。

調理START!　　HOT PLATE **200**℃ ▶ **150**℃

---

③ ホットプレートにごま油を**200**℃で熱し、**1**を焼く。焼き色がついたら上下を返し、**2**の具材をそれぞれのせる。

④ フタをして、**150**℃で1分30秒ほど蒸し焼きにしたら、**B**にはパセリ、**C**には刻みのりをのせる。

クリーミーなホワイトソースが絶品！

たっぷりの牛肉ににんにくを効かせたスタミナごはん！

えびドリア

材料（4人分）

ごはん…600g	粗びき黒こしょう…小さじ1/2
むきえび…300g	ピザ用チーズ…100g
ブロッコリー…1株	バター…20g
玉ねぎ…1個	**A** 牛乳…500mℓ
塩…小さじ1	小麦粉・バター…各50g
	塩…小さじ1/2
	パセリ（みじん切り）…大さじ3

下準備

① むきえびは背ワタを取り、片栗粉大さじ2（分量外）をもみ込み、流水で洗って水けをふき取る。ブロッコリーは食べやすい大きさの小房に分け、さっと水にくぐらせ、ラップに包み電子レンジで1分加熱する。玉ねぎは薄切りにする。

② 耐熱ボウルに**A**の小麦粉を入れ、牛乳を少しずつダマにならないように加える。バター、塩を加え、ラップはかけずに電子レンジで5分加熱し、一度取り出してよく混ぜる。さらに2分ずつ様子を見ながら、煮立つまで加熱しながら混ぜる。

調理START！ **HOT PLATE 200℃ ▶ 180℃**

③ ホットプレートにバターを200℃で熱し、むきえび、玉ねぎを加え、むきえびの色が変わるまで炒める。

④ ごはん、塩、粗びき黒こしょうを加えて炒め、ブロッコリーをのせ、2をかけ、ピザ用チーズをのせる。

⑤ フタをして、180℃で10〜12分加熱する。パセリを散らす。

ガーリックしょうゆの
ビーフピラフ

材料（4人分）

ごはん…600g
牛切り落とし肉…400g
塩…小さじ1/3
粗びき黒こしょう…少々
玉ねぎ…1個
さやいんげん…10〜12本
バター…20g
A しょうゆ…大さじ3
中濃ソース・にんにくのすりおろし…各大さじ1

下準備

① 牛肉は食べやすい大きさに切り、塩、粗びき黒こしょうをまぶす。

② 玉ねぎは粗みじん切りにし、さやいんげんは7mm幅に切る。

調理START！ **HOT PLATE 250℃**

③ ホットプレートにバターを250℃で熱し、1をうっすら焼き色がつくまで炒め、2を加えてさらに炒める。

④ ごはん、**A**を加え、全体が混ざるように炒め、ホットプレート全体に広げ、4〜5分焼きつける。

レーズンとナッツが入ったインドの炊き込みごはん

ナッツとパイナップルが入って南国風に！

ビリヤニ風炊き込みごはん

材料（4人分）

米…2合
鶏もも肉…2枚
玉ねぎ（薄切り）
　…1個分
レーズン・カシュー
　ナッツ（ロースト）
　…各50g
クミンシード
　…小さじ1/2
サラダ油…大さじ3

A｜プレーンヨーグルト…大さじ3
　｜中濃ソース…大さじ1
　｜カレー粉…大さじ1/2
　｜塩…小さじ1
　｜けずり節…3g
　｜にんにくのすりおろし・
　｜　しょうがのすりおろし
　｜　…各小さじ1
　｜シナモンパウダー…小さじ1/4

下準備

① 鶏肉はペーパータオルで水けをしっかりとおさえ、厚みが均一になるように開く。余分な脂を取り除き、小さめのひと口大に切り、Ａであえて1時間以上漬ける。

調理 START!　HOT PLATE **200℃ ▶ 150℃**

② ホットプレートにサラダ油、クミンシードを200℃で熱し、玉ねぎをうっすら色づくまで炒める。1のＡを軽くふき取りながら鶏肉を加え、うっすら焼き色がつくまで焼きつける。

③ 洗米して水けをきった米、レーズン、粗めに砕いたカシューナッツを加えて炒め、1のＡに水400㎖（分量外）を混ぜ合わせて注ぎ入れ、煮立てる。

④ フタをして、10分ほど煮込み、150℃でさらに15分ほど蒸し焼きにする。ホットプレートの加熱を止めて10分ほど蒸らし、パクチーを散らす。

パクチー…適量

ナシゴレン

材料（4人分）

ごはん…600g
鶏ひき肉…300g
玉ねぎ…1個
赤パプリカ…1個
バジル…ひとつかみ
パイナップル（缶詰／輪切り）
　…4枚
桜えび（乾燥）…5g
サラダ油…大さじ2
塩・こしょう…各少々

A｜スイートチリソース
　｜　…大さじ3
　｜ナンプラー…大さじ2
バターピーナッツ…50g

下準備

① 玉ねぎ、赤パプリカは粗みじん切りにし、バジルの茎と葉の半量は粗めに刻む。パイナップルは12等分に切る。

調理 START!　HOT PLATE **200℃**

② ホットプレートにサラダ油、桜えびを200℃で熱し、ひき肉を色が変わるまで炒める。玉ねぎ、赤パプリカ、パイナップルを加えてさらに炒める。

③ ごはん、刻んだバジル、Ａを加えて炒め、塩、こしょうで味を調える。ホットプレート全体に広げ、3〜4分焼きつける。粗めに砕いたバターピーナッツ、バジルの葉を散らす。

パスタ&麺

パスタや焼きそば、うどんなどの麺料理は、たっぷり作れるホットプレート向きの料理です。
煮込んだり、蒸したりしている間は手が空くのも、忙しい人の味方!

牛肉とトマトの煮込みパスタ

材料（4人分）

ショートパスタ…250g
牛切り落とし肉…400g
塩…適量
粗びき黒こしょう…少々
小麦粉…大さじ1
玉ねぎ…1個
セロリ…1本
バター…20g
A｜ホールトマト缶…1缶
　｜中濃ソース…大さじ3
　｜にんにくのすりおろし…小さじ1

下準備

① 牛肉は2cm幅に切り、塩小さじ1/3、粗びき黒こしょう、小麦粉をふる。

② 玉ねぎは薄切りにし、セロリの茎は斜め薄切り、葉は極細切りにする。

調理START! **HOT PLATE** **250℃** ▶ **180℃** ▶ **250℃**

a

③ ホットプレートにバターを250℃で熱し、**1**を炒める。色が変わったら玉ねぎ、セロリの茎を加え、しんなりするまで炒める。

④ ショートパスタ、**A**、塩小さじ1、ショートパスタがかぶるくらいの水（分量外）を加え（**a**）、煮立てる。

⑤ フタをして、途中混ぜながら180℃で15分ほど煮込む。

⑥ ショートパスタがアルデンテ状態になったら、フタをはずして250℃で水分を飛ばすように炒める。セロリの葉を散らす。

＊ショートパスタは、商品や形状によって加熱時間が変わることがありますので、様子を見ながら煮込んでください。

> 調理のヒント
>
> ホットプレートは温度にムラがあるので、まんべんなくショートパスタが行き渡るように混ぜることで、かたさが均一になります。

牛肉とトマトの
うまみが、
煮込みでパスタにも
しっかりしみ込む！

たっぷりの魚介に
トマト&にんにくで
絶品！

ペスカトーレ

材料（4人分）

ショートパスタ…250g
えび（殻つき）…10尾
あさり（P62下準備1参照）…200g
いか…1杯
ベーコン…3枚
セロリ…1本
赤唐辛子（輪切り）…1/2本分
塩・粗びき黒こしょう…各適量

オリーブ油…大さじ2
A｜ホールトマト缶
　　…1缶
　　にんにくのすりおろし
　　…小さじ1
　　ドライバジル
　　…小さじ1/3
　　塩…小さじ2

下準備

① えびは殻の上から背ワタを取り除き、塩水で洗って水けをしっかりふき取る。いかはワタを取り除き、胴は1cm幅の輪切りにし、足はしごいて吸盤を取り、食べやすい大きさに切る。

② ベーコンは2cm幅に切り、セロリの茎は斜め薄切り、葉は極細切りにする。

調理START！　　　**HOT PLATE 200℃ ▶ 180℃**

---

③ ホットプレートにオリーブ油、赤唐辛子、ベーコンを200℃で熱し、セロリの茎を加えてさっと炒め、1を加えて色が変わるまで炒める。ショ  ートパスタを加え（ a ）炒めたら、A、ショートパスタがかぶるくらいの水（分量外）を加えて煮立てる。

④ フタをして、180℃で15分ほど煮込む。

⑤ ショートパスタがアルデンテ状態になったら、塩、粗びき黒こしょうで味を調え、セロリの葉を散らす。

┌ 献立のヒント ┐

漁師風という意味を持つペスカトーレは、お好みの魚介類を入れれば楽しめます。貝類が入ったシーフードミックスでも作れるので、気軽に楽しみましょう。

黒こしょうをガツンと効かせておいしい！

最後にディルを散らして爽やかな一品に

厚切りベーコンと
アスパラのカルボナーラ風

材料（4人分）

ショートパスタ…250g
厚切りベーコン…150g
グリーンアスパラガス
　…10本
玉ねぎ…1個
オリーブ油…大さじ1

Ａ｜生クリーム…200mℓ
　｜牛乳…100mℓ
　｜卵黄…3個分
　｜塩…小さじ1
粗びき黒こしょう…適量

下準備

①　厚切りベーコンは1cm幅に切る。アスパラガスは根元1cmは切り落とし、下半分の皮はピーラーなどで薄くむき、3cm幅に切る。玉ねぎは薄切りにする。

調理START!　**HOT PLATE** **200℃ ▶ 180℃**

②　ホットプレートにオリーブ油、厚切りベーコンを200℃で熱し、玉ねぎを加えてしんなりするまで炒める。ショートパスタ、ショートパスタがかぶるくらいの水（分量外）を加えて煮立てる。

③　フタをして、途中混ぜながら180℃で15分ほど煮込む。

④　ショートパスタがアルデンテ状態になったら、フタをはずしてアスパラガスを加え、水分を飛ばすように炒める。

⑤　ホットプレートの加熱を止め、よく混ぜたＡをまわしかけてあえ、粗びき黒こしょうを多めにふる。

サーモンとレモンの
クリームパスタ

材料（4人分）

ショートパスタ…250g
サーモン（切り身）…4切れ
塩…小さじ1
粗びき黒こしょう…適量
セロリ…1本
レモン…1/2個
小麦粉・オリーブ油
　…各大さじ1

Ａ｜生クリーム…200mℓ
　｜牛乳…100mℓ
　｜塩…小さじ1
ディル（あれば）…適量

下準備

①　サーモンはペーパータオルで水けをしっかりふき取り、3等分に切り、塩、粗びき黒こしょう、小麦粉をふる。セロリの茎は斜め薄切り、葉は極細切りにし、レモンは5mm幅の輪切りにする。

調理START!　**HOT PLATE** **200℃ ▶ 180℃**

②　ホットプレートにオリーブ油を200℃で熱し、1を入れ、サーモンの両面に焼き色がつくまで焼く。ショートパスタ、ショートパスタがかぶるくらいの水（分量外）を加えて煮立てる。

③　フタをして、途中混ぜながら180℃で15分ほど煮込む。

④　Ａを加え、とろみがついたら粗びき黒こしょう、あればディルを散らす。

ソースと青のりの香りがたまらない！

食欲をかきたてるピリ辛味。豚肉に味がよくからんで美味

縁日の肉焼きそば

材料（4人分）

蒸し中華麺…4玉
豚バラ薄切り肉…300g
塩…小さじ1/2
こしょう…適量
キャベツ…1/4個
長ねぎ…1本
桜えび（乾燥）…8g

けずり節…6g
サラダ油…大さじ2
A｜中濃ソース…大さじ3
　｜オイスターソース・
　｜しょうゆ…各大さじ2
紅しょうが・青のり
　…各適量

下準備

① 豚肉は4cm幅に切り、塩、こしょうをまぶす。キャベツは食べやすい大きさにちぎり、芯は薄切りにし、長ねぎは1cm幅の斜め切りにする。蒸し中華麺は水にさっとくぐらせ、ほぐす。

調理START！ **HOT PLATE** **200℃▶250℃**

② ホットプレートにサラダ油、桜えびを200℃で熱し、豚肉を焼き色がつくまで炒める。蒸し中華麺を加え、全体に油がまわったらキャベツ、長ねぎをかぶせるように加え、水大さじ2（分量外）をまわしかける。

③ フタをして、5分ほど蒸し焼きにする。

④ A、けずり節半量を加え、250℃で焼きつけるように炒める。残りのけずり節、紅しょうが、青のりをかける。

野菜たっぷり
韓国風うま辛炒め麺

材料（4人分）

ゆでうどん…4玉
豚バラ薄切り肉
　…300g
塩…小さじ1/3
こしょう…適量
キャベツ…1/4個
赤パプリカ…1個
しめじ…1パック
にら…1/2束

ごま油…大さじ3
A｜コチュジャン…大さじ2
　｜オイスターソース・
　｜みそ・にんにくのすりおろし
　｜　…各大さじ1/2
　｜鶏がらスープの素（顆粒）
　｜　…小さじ1
　｜けずり節…6g

下準備

① 豚肉は3cm幅に切り、塩、こしょうをまぶす。キャベツは食べやすい大きさにちぎり、芯は薄切りにする。赤パプリカは種とワタを取り除き、横半分、縦1cm幅に切る。しめじは石づきを切り落として細かくほぐし、にらは4cm幅に切る。うどんはぬるま湯にさっとくぐらせ、ほぐす。

調理START！ **HOT PLATE** **250℃▶200℃▶250℃**

② ホットプレートにごま油を250℃で熱し、豚肉を焼き色がつくまで炒める。うどんを加え、全体に油がまわったらキャベツ、赤パプリカ、しめじをかぶせるように加え、水大さじ2（分量外）をまわしかける。

③ フタをして、200℃で5分ほど蒸し焼きにする。

④ A、にらを加え、250℃で全体が混ざるように焼きつける。

すき焼きの
あとの〆風に！

下関の郷土料理を
ホットプレートで再現！

すき焼きうどん

材料（4人分）

ゆでうどん…4玉		**A**	しょうゆ…大さじ4
牛切り落とし肉…300g			砂糖・みりん…各大さじ2
長ねぎ…2本			けずり節…5g
まいたけ…1パック		溶き卵…4個分	
しいたけ…4枚			
春菊…1/2束			
ごま油…大さじ1			

下準備

① 長ねぎは1cm幅の斜め切りにし、まいたけは食べやすい大きさに割く。しいたけは石づきを切り落とし、縦4等分に切る。春菊の根元1cmは切り落とし、茎は1cm幅に切り、葉はざく切りにする。うどんはぬるま湯にさっとくぐらせ、ほぐす。

調理START!　　　**HOT PLATE 200℃**

② ホットプレートにごま油を200℃で熱し、牛肉、長ねぎを加え、牛肉の色が変わるまで炒める。うどんを加え、全体に油がまわったら春菊の茎、まいたけ、しいたけをかぶせるように加え、水大さじ2（分量外）をまわしかける。

③ フタをして、5分ほど蒸し焼きにする。

④ **A**を加え、全体にからめるように焼きつけ、春菊の葉を散らす。溶き卵にくぐらせながらいただく。

具だくさん瓦そば風

材料（4人分）

茶そば(またはそば)…300g		**B**	しょうゆ・砂糖・
牛切り落とし肉…400g			みりん…
小ねぎ(小口切り)…5本分			各大さじ1と1/2
レモン(5mm幅の輪切り)…4枚			けずり節…3g
ごま油…大さじ1と1/2		**C**	大根おろし…100g
サラダ油…小さじ1			一味唐辛子…少々
A	溶き卵…3個分		めんつゆ(ストレート)
	塩…少々		…適量

下準備

① 茶そばは袋の表示通りにゆで、流水でぬめりを洗い、水けをきり、ごま油大さじ1/2であえる。

調理START!　　　**HOT PLATE 200℃**

② ホットプレートにサラダ油を200℃で熱し、よく混ぜ合わせた**A**を流し入れ、薄焼き卵を作る。取り出して細切りにし、錦糸卵にする。

③ ホットプレートにごま油大さじ1/2を熱し、牛肉を色が変わるまで炒める。**B**を加え、水分を飛ばすように炒めたら一度取り出す。

④ 残りのごま油を熱し、**1**を炒める。**2**、**3**、小ねぎ、レモンをのせ、その上に**C**をのせる。めんつゆに入れてつけながらいただく。

ナンプラーがふわっと香ってアジア気分！

肉みそがからんだうどんに生野菜がさっぱりとおいしい！

パッタイ

材料（4人分）

蒸し中華麺…4玉
むきえび…300g
厚揚げ…1枚
にら…1/2束
もやし…1袋
桜えび（乾燥）…5g
赤唐辛子（輪切り）…1/2本分
たくあん（細切り）…50g
塩・こしょう…各適量

サラダ油…大さじ2
A｜ナンプラー…大さじ3
　｜黒酢…大さじ2
　｜砂糖…大さじ1
　｜塩…小さじ1/3

下準備

① むきえびは片栗粉大さじ2（分量外）をよくもみ込み、流水で洗い、水けをしっかりふき取る。厚揚げは縦半分に切り、1cm幅に切る。にらは4cm幅に切る。蒸し中華麺は水にさっとくぐらせ、ほぐす。

調理START!　　HOT PLATE **250**℃

② ホットプレートにサラダ油、桜えび、赤唐辛子を250℃で熱し、えび、厚揚げを加えて焼きつける。蒸し中華麺、もやし、Aを加え、4〜5分さらに焼きつける。

③ 塩、こしょうで味を調え、にら、たくあんを加えてさっと混ぜる。

ジャージャー焼きうどん

材料（4人分）

ゆでうどん…4玉
豚ひき肉…400g
しいたけ…4枚
きゅうり…2本
トマト…2個
白髪ねぎ…1本分
ごま油…大さじ3
白いりごま
　…大さじ1/2

A｜甜麺醤…大さじ3
　｜長ねぎの青い部分（みじん切り）
　｜　…1本分
　｜にんにくのすりおろし・
　｜しょうがのすりおろし
　｜　…各大さじ1/2
B｜みそ・しょうゆ
　｜　…大さじ1と1/2
　｜片栗粉…大さじ1/2
　｜水…150mℓ

下準備

① しいたけは石づきを切り落とし、粗みじん切りにする。きゅうりはせん切りにし、トマトは小さめの乱切りにする。うどんは水にさっとくぐらせ、ほぐす。

調理START!　　HOT PLATE **200**℃

② ホットプレートにごま油、Aを200℃で熱し、香りが出たらひき肉を加え、色が変わるまで炒める。しいたけを加えて炒め、うどんを加えて油がまわったら、Bを加えてとろみがつくまで炒める。

③ きゅうり、トマト、白髪ねぎをのせ、白いりごまをふる。

ごはんも足して食べたくなる！

けずり節のやさしい味わいが広がる！

焼きとんこつラーメン風

材料（4人分）

蒸し中華麺…４玉
豚バラ薄切り肉…300g
塩・こしょう…各適量
きくらげ（乾燥）…５g
もやし…１袋
ごま油…大さじ２
A 鶏がらスープの素（顆粒）・
　　オイスターソース
　　…各大さじ１
　　調製豆乳…200㎖

紅しょうが…適量
小ねぎ（小口切り）…５本分

下準備

① 豚肉は２㎝幅に切り、塩小さじ1/2、こしょう少々
　 をふる。きくらげはぬるま湯で戻し、ひと口大に切
　 る。蒸し中華麺は水にさっとくぐらせ、ほぐす。

調理START!　　　**HOT PLATE** **250℃**

② ホットプレートにごま油を**250℃**で熱し、豚肉を焼
　 き色がつくまで焼く。もやし、きくらげ、蒸し中華
　 麺を加えて炒め、全体に油がまわったら、**A**を加え
　 て汁けを飛ばすように炒める。

③ 塩、こしょうで味を調え、紅しょうが、小ねぎを散
　 らす。

そうめんチャンプルー

材料（4人分）

そうめん…300g
ゴーヤ…１本
長ねぎ…１本
ランチョンミート缶
　　…１缶(340g)
ごま油…大さじ２
A しょうゆ…大さじ３
　　砂糖・酒…各大さじ２
　　塩…小さじ2/3
　　けずり節…５g

B 溶き卵…３個分
　　塩…少々
けずり節・白いりごま
　　…各適量

下準備

① そうめんは袋の表示通りにゆで、流水でぬめりを洗
　 い、水けをきり、ごま油大さじ１であえる。

② ゴーヤは縦半分に切り、種とワタを取り除き、５㎜
　 幅に切る。長ねぎは斜め薄切りにし、ランチョンミ
　 ートは１㎝角の棒状に切る。

調理START!　　　**HOT PLATE** **250℃**

③ ホットプレートにごま油大さじ1/2を**250℃**で熱し、
　 ランチョンミートを焼き色がつくまで炒める。ゴー
　 ヤ、長ねぎを加えて炒め、**1**、**A**を加え、全体が混
　 ざるように炒め合わせる。

④ 中心を空け、残りのごま油を加えて熱し、よく混ぜ
　 合わせた**B**を流し入れて大きめの炒り卵を作り、全
　 体を炒め合わせる。けずり節、白いりごまをふる。

パン

基本をおさえれば、あとは無限にアレンジができます。
分量を丁寧に量って、発酵のやり方を確認しながらはじめましょう。

基本の手作りパン

材料（作りやすい分量）

強力粉…220g
薄力粉…30g
ドライイースト…5g
砂糖…18g
塩…5g
A 牛乳（35℃くらい）…50㎖
　 ぬるま湯（35℃くらい）
　　　…120㎖
バター…18g

＊1 ホームベーカリーがある場合
　　は、ここまでの過程を機械で
　　できる。
＊2 メーカーによって温度設定が
　　まちまちなので、温度を調整
　　しながら焼き色をつける。

作り方

① ボウルに強力粉、薄力粉、ドライイーストを入れ
　 てよく混ぜ、砂糖、塩の順番に加えて混ぜる。
② 1に混ぜ合わせたAを約2/3量加え、ゴムベラで
　 よく混ぜ、残りのAを2回に分けて加え、さらに
　 よく混ぜる。
③ 手にバターを取り、体温でやわらかくしながら2
　 に加えて10〜15分こねる。
④ 3の生地がつるんとしてきたら、サラダ油（分量
　 外）を薄くぬった大きめのボウルに入れ、ラップ
　 をかけ、あたたかい場所で30分一次発酵させる。＊1
⑤ 台に少量の強力粉（分量外）をふり、4を取り出し、
　 包丁で6等分に切り、断面を内側に折りこむよう
　 に丸めてとじる。
⑥ ホットプレートを200℃で10秒あたため、電源
　 を切り、5のとじ目を下にして並べ入れる（a）。
⑦ 手のひらで軽く押して平らにし、空いている所に
　 熱湯を張った小さめの耐熱容器を2個おく（b）。
⑧ フタをして、20分ほどおき、1.5〜2倍の大きさ
　 になるまで二次発酵させる（c）。
⑨ ホットプレートを160〜170℃に熱し、フタをし
　 たまま10分焼く。上下を返し、フタをしてさら ＊2
　 に15分焼く（d）。

a

b

c

d

ピザパーティー

材料（作りやすい分量）

基本の手作りパン生地（P.86／作り方4まで作る）…全量
ピーマン（輪切り）…4個分
玉ねぎ（薄切り）…1/2個分
ベーコン（細切り）…5枚分
ピザ用チーズ…200g
オリーブ油…適量
A トマトケチャップ…大さじ4
　 中濃ソース…大さじ1
　 にんにくのすりおろし・塩…各小さじ1/2
　 ドライバジル・粗びき黒こしょう…各少々

作り方

① 台に少量の強力粉（分量外）ふり、9等分にした基
　 本の手作りパン生地を麺棒などで直径10〜12㎝
　 の円形に伸ばす。
② ホットプレートを170℃で熱し、1を両面1分〜
　 1分30秒ずつ焼き、取り出す。
③ 2にオリーブ油、よく混ぜ合わせたAをぬり、ピ
　 ーマン、玉ねぎ、ベーコン、ピザ用チーズをのせる。
④ ホットプレートに3を並べ入れ、フタをして10
　 〜15分焼く。

基本をおさえれば、
あとはアレンジ自在！

子どもといっしょに
具材をのせても楽しい！

じゃがいもが入って
ボリューム感の
ある仕上がり

カフェのモーニング
さながらの出来栄え！

フォカッチャ風

材料（作りやすい分量）

基本の手作りパン生地　じゃがいも…2個(300g)
(P.86／作り方3まで作る)　ローズマリー…1枝
…全量　岩塩・オリーブ油…各適量

作り方

①じゃがいもは皮をむいてさっと水にくぐらせ、1個ずつラップに包む。電子レンジで3分加熱し、上下を返してさらに2分加熱する。粗熱がとれたら1.5cm角のさいの目に切る。

②基本の手作りパン生地に1を混ぜて丸める。サラダ油(分量外)を薄くぬった大きめのボウルに入れ、ラップをかけ、あたたかい場所で30分一次発酵させる。

③台に少量の強力粉(分量外)をふり、2を20cm×20cmの形に成形する。

④ホットプレートを200℃で10秒あたため、電源を切り、3をのせる。空いているスペースに熱湯を張った小さめの耐熱容器をおく。フタをして、20分ほどおき、1.5～2倍の大きさになるまで二次発酵させる。

⑤ホットプレートを150～160℃に熱し、フタをしたまま15分焼く。パン生地を潰さないようにオリーブ油をぬり、ローズマリー、岩塩を散らして上下を返し、フタをしてさらに15分焼く。

イングリッシュマフィン

材料（作りやすい分量）

基本の手作りパン生地(P.86／作り方5まで作る)…全量
コーングリッツ…適量
ハム・目玉焼き…各適量

作り方

①基本の手作りパン生地に、ハケで全体に水(分量外)を薄くぬり、コーングリッツをまぶす。

②ホットプレートを200℃で10秒あたため、電源を切り、1のとじ目を下にして並べ入れる。手のひらで軽く押して平らにし、空いているスペースに熱湯を張った小さめの耐熱容器をおく。フタをして、20分ほどおき、1.5～2倍の大きさになるまで二次発酵させる。

③ホットプレートを160～170℃に熱し、フタをしたまま10分焼く。上下を返し、フタをしてさらに15分焼く。

④厚さを半分に切り、ハムや目玉焼きを挟む。

玉ねぎと
ベーコンのうまみが
パンにしみ込む！

ツナが入った
おかずパン！
朝ごはんやランチに

オニオンベーコンパン

材料（作りやすい分量）

基本の手作りパン生地（P.86／作り方4まで作る）…全量
玉ねぎ…1/2個
ベーコン…3枚
塩…小さじ1/3

粗びき黒こしょう…少々
A｜ピザ用チーズ・
　　マヨネーズ…各適量
　　パセリ（みじん切り）…適量
オリーブ油…小さじ1

作り方

① 玉ねぎは極薄切りにし、ベーコンは5mm幅に切る。

② フライパンにオリーブ油、ベーコンを強めの中火で熱し、玉ねぎを加えてうっすら色づくまで炒め、塩、粗びき黒こしょうで味を調え、冷ます。

③ 基本のパン生地を横18cm、縦20cmに麺棒で伸ばし、上2cmを残して2を広げて巻き、巻き終わりをしっかりととじ、6等分に切る。

④ ホットプレートを200℃で10秒あたため、電源を切り、3をのせる。空いているスペースに熱湯を張った小さめの耐熱容器をおく。フタをして、20分ほどおき、1.5〜2倍の大きさになるまで2次発酵させる。

⑤ ホットプレートを160〜170℃に熱し、フタをしたまま10分焼く。上下を返し、Aをのせ、フタをしてさらに15分焼く。パセリを散らす。

とろとろツナメルトパン

材料（作りやすい分量）

基本の手作りパン生地（P.86／作り方5まで作る）…全量
ツナオイル漬け缶…140g
A｜マヨネーズ…大さじ2
　　ピザ用チーズ…100g
　　塩…小さじ1/4
　　粗びき黒こしょう…少々
粉チーズ…適量

作り方

① ツナの油をしっかりきり、Aと合わせてよく混ぜ、6等分にする。

② 基本の手作りパン生地に1を包み、しっかりとじる。

③ ホットプレートを200℃で10秒あたため、電源を切り、2のとじ目を下にして並べ入れる。空いているスペースに熱湯を張った小さめの耐熱容器をおく。フタをして、20分ほどおき、1.5〜2倍の大きさになるまで二次発酵させる。

④ ホットプレートを160〜170℃に熱し、フタをしたまま10分焼く。上下を返し、粉チーズをふり、フタをしてさらに15分焼く。

甘納豆の甘みが
やさしい豆パン

最後に甘い
ソースをかけて
召し上がれ！

おやつの豆パン

材料（作りやすい分量）

基本の手作りパン生地（P.86／作り方3まで作る）…全量
甘納豆…150g

作り方

① 基本の手作りパン生地に甘納豆を混ぜて丸める。サラダ油（分量外）を薄くぬった大きめのボウルに入れ、ラップをかけ、あたたかい場所で30分一次発酵させる。

② 台に少量の強力粉（分量外）をふり、**1**を取り出し、包丁で6等分に切り、丸めてとじる。

③ ホットプレートを**200℃**で10秒あたため、電源を切り、**2**のとじ目を下にして並べ入れる。空いているスペースに熱湯を張った小さめの耐熱容器をおく。フタをして、20分ほどおき、1.5～2倍の大きさになるまで二次発酵させる。

④ ホットプレートを**160～170℃**に熱し、フタをしたまま10分焼く。上下を返し、フタをしてさらに15分焼く。

シナモンロール

材料（作りやすい分量）

基本の手作りパン生地（P.86／作り方4まで作る）…全量
レーズン…100g

A ｜ バター（常温に戻す）…50g
　　｜ シナモンシュガー…大さじ3

B ｜ クリームチーズ・粉砂糖…各100g
　　｜ レモン汁…小さじ1

作り方

① 台に少量の強力粉（分量外）ふり、基本の手作りパン生地を横18cm、縦20cmに麺棒で伸ばし、上2cmを残してよく混ぜ合わせた**A**をぬる。レーズンを散らして巻き、巻き終わりをしっかりととじ、6等分に切る。

② ホットプレートを**200℃**で10秒あたため、電源を切り、**1**をのせる。空いているスペースに熱湯を張った小さめの耐熱容器をおく。フタをして、20分ほどおき、1.5～2倍の大きさになるまで二次発酵させる。

③ ホットプレートを**160～170℃**に熱し、フタをしたまま10分焼く。上下を返し、フタをしてさらに15分焼く。粗熱がとれたら、混ぜ合わせた**B**をかける。

くるみはふんだんに使うのが◎。ちぎってシェアが楽しい！

寒い日にアツアツを食べたい！

ちぎりくるみパン

材料（作りやすい分量）

基本の手作りパン生地（P.86／作り方３まで作る）…全量
くるみ（ロースト／粗めに砕く）…100g

作り方

① 基本の手作りパン生地にくるみを混ぜて丸める。サラダ油（分量外）を薄くぬった大きめのボウルに入れ、ラップをかけ、あたたかい場所で30分一次発酵させる。

② 台に少量の強力粉（分量外）をふり、**1**を包丁で９等分に切り、丸めてとじる。

③ ホットプレートを**200℃**で10秒あたため、電源を切り、**2**のとじ目を下にして３個ずつくっつけて並べ入れる。空いているスペースに熱湯を張った小さめの耐熱容器をおく。フタをして、20分ほどおき、1.5〜2倍の大きさになるまで二次発酵させる。

④ **3**の外側に1.5cmほどの切り込みを入れる。ホットプレートを**160〜170℃**に熱し、フタをしたまま10分焼く。上下を返し、フタをしてさらに15分焼く。

焼き肉まん

材料（作りやすい分量）

基本の手作りパン生地（P.86／作り方５まで作る）…全量
A｜豚ひき肉…200g
　｜長ねぎ（みじん切り）…1/2本分
　｜片栗粉…大さじ1
　｜オイスターソース…小さじ2
　｜にんにくのすりおろし・鶏がらスープの素（粉末）
　｜　…各小さじ1/2
　｜粗びき黒こしょう…少々
白いりごま…適量

作り方

① ボウルに**A**を入れてよくこね、６等分にする。

② 基本の手作りパン生地に**1**を包み、しっかりとじる。

③ ホットプレートを**200℃**で10秒あたため、電源を切り、**2**のとじ目を下にして並べ入れる。空いているスペースに熱湯を張った小さめの耐熱容器をおく。フタをして、20分ほどおき、1.5〜2倍の大きさになるまで二次発酵させる。

④ ホットプレートを**150〜160℃**に熱し、フタをしたまま15分焼く。白いりごまをふり、上下を返し、フタをしてさらに20分焼く。

小さい深鍋で作る鍋、蒸し物、煮込み料理

チキントマトカレー

材料（4人分）

鶏もも肉…2枚（400g）
塩…小さじ1
粗びき黒こしょう…少々
小麦粉…大さじ3
玉ねぎ…1個
ミニトマト…12個
カレー粉…大さじ2
バター…20g
A　ココナッツミルク…300mℓ
　　トマトケチャップ…大さじ6
　　ナンプラー…大さじ1と1/2
　　塩…小さじ1
　　にんにくのすりおろし・しょうがのすりおろし
　　　…各小さじ1
　　水…200mℓ
パセリ（みじん切り）…適量
ごはん…600g

作り方

① 鶏肉はペーパータオルで水けをしっかりとおさえ、厚みが均一になるように開く。余分な脂を取り除き、6等分に切り、塩、粗びき黒こしょう、小麦粉をふる。

② 玉ねぎは薄切りにする。

③ ホットプレートの深鍋にバターを200℃で熱し、1を皮目から入れて焼きつける。焼き色がついたら上下を返し、2を加え、玉ねぎがしんなりとするまで炒め、カレー粉を加えてさらに炒める。Aを加え、煮立てる。

④ フタをして15分煮込み、ミニトマトを加え、パセリを散らす。

⑤ 〆は器にごはんを盛り、4をかける。

ココナッツミルクと水でしっかりと水分があるので、スープ代わりにもいいですし、ナンがあれば、つけながら食べてもおいしいです。

玉ねぎのうまみとトマトの酸味がおいしい！

大根はレンチンで味をしみしみにする時短技で！

巾着おでん

材料（4人分）

大根…1/2本
油揚げ…6枚
結び昆布…8個
小結びしらたき…12個

A 卵…4個
　　三つ葉（ざく切り）…1束分

B 木綿豆腐（水けをきって崩す）…1/2丁分
　　桜えび（乾燥）…3g
　　きくらげ（ぬるま湯で戻し、せん切りにする）
　　　…3g
　　春菊（1cm幅に切る）…1/4束分

C 鶏ひき肉…150g
　　麩…8個（10g）
　　小ねぎ（小口切り）…3本分
　　うずらの卵（水煮）…4個

D 和風だし…1200ml
　　酒…100ml
　　みりん…50ml
　　しょうゆ…大さじ1
　　塩…小さじ1

E ごはん（さっと洗う）…400g
　　梅干し…4個
　　三つ葉（ざく切り）…適量

作り方

① 大根は4等分に切り、耐熱皿にのせ、酒大さじ1（分量外）をまわしかける。ラップをかけ、電子レンジで8分加熱し、粗熱をとる。

② 油揚げは横半分に切って袋状にし、熱湯をかけて油抜きをする。

③ A、B、Cをそれぞれ4等分にして2に詰め、爪楊枝で留める。

④ ホットプレートの深鍋にD、1、結び昆布、小結びしらたきを入れ、アクを取りながら250℃で煮立たせ、3を加える。

⑤ フタをして、170℃で10～15分煮込む。

⑥ 〆は器にEのごはんを入れ、煮立たせた煮汁をかけ、梅干し、三つ葉を散らす。

おでんを食べ切ったら、結び昆布のうまみと油揚げのコクが溶け込んだ煮汁をごはんにかけて召し上がれ。翌日の朝ごはんにもおすすめです。

豚肉と野菜のうまみが
たっぷりのスープでそ
うめんを煮込んでにゅ
うめんに。トマトを加
えてさっぱりとした〆
になります。

ホッとする
やさしい味わい。
セロリの風味が爽やか

ポトフ

材料（4人分）

豚肩ロース肉（塊）
　…800g
塩…小さじ1と1/2
粗びき黒こしょう
　…小さじ1
じゃがいも…2個
にんじん…1本
玉ねぎ…1個
セロリ…1本

A | 水…1500㎖
　　白ワイン…100㎖
　　ローリエ…1枚
　　塩…小さじ1/2

B | そうめん…200g
　　トマト（小さめの乱切り）
　　　…1個分
　　オリーブ油…小さじ1
　　バジル…適量

作り方

① 豚肉は筋切りして8等分に切り、塩、粗びき黒こしょ
　うをすり込む。じゃがいもは半分に切り、にんじんは
　縦半分に切ってから、横半分に切る。玉ねぎは縦4等
　分に切り、セロリの茎は斜め薄切り、葉は極細切りに
　する。

② ホットプレートの深鍋に**A**、豚肉、にんじんを入れ、
　アクを取りながら250℃で煮立たせ、じゃがいも、玉
　ねぎ、セロリの茎を加える。

③ フタをして、10〜15分煮込み、セロリの葉を散らす。

④ 〆は**B**のそうめんを半分に折って入れ、3〜4分煮込
　み、残りの**B**を加え塩味を水（分量外）で調整する。

野菜の水分で
しっとりと
魚が蒸し上がる！

野菜たっぷりの
アクアパッツァ風

材料（4人分）

白身魚（たらなど／切り身）…4切れ
塩…小さじ1
粗びき黒こしょう…適量
あさり（殻つき／P62下準備1参照）…150g
キャベツ…1/4個
セロリ…1本
ミニトマト…12個
レモン（5㎜幅の輪切り）…4枚

A | 水・白ワイン（または酒）…各100㎖

B | ショートパスタ（早ゆでタイプ）…150g
　　ベーコン（1㎝幅に切る）…3枚分

ラムと野菜の蒸し物

材料（4人分）

ラムチョップ…8本

A　クミンパウダー・
　　　コリアンダーパウダー・
　　　塩…各小さじ1

かぼちゃ…1/4個

玉ねぎ…1個

にんじん…1本

ズッキーニ…1本

ひよこ豆（水煮）…100g

オリーブ油…大さじ1

B　水…500ml
　　　ローリエ…1枚
　　　塩…小さじ1/2

C　クスクス（乾燥）…200g
　　　パクチー…適宜

作り方

① ラムチョップに**A**をまぶす。

② かぼちゃは横半分、縦4等分に切り、玉ねぎは縦8等分に切る。にんじんは1cm幅の輪切りにし、ズッキーニは8等分の輪切りにする。

③ ホットプレートの深鍋にオリーブ油を**200℃**で熱し、**1**を焼きつける。**2**を加えて炒め、ひよこ豆、**B**を加えて煮立てる。

④ フタをして、**170℃**で10〜15分煮込む。

⑤ 〆は**C**のクスクスを袋の表示通りに戻して器に盛り、**4**をかけ、お好みでパクチーをのせていただく。

クスクスにレーズンの甘みとラムの独特な香りが合わさって、エスニック風味が高まります。ゴロッと野菜を添えてどうぞ。

ラム肉の香りがスープに溶け込んで、特別な一品に

作り方

① 白身魚はペーパータオルで水けをしっかりふき取り、塩、粗びき黒こしょうをふる。キャベツは大きめにちぎり、セロリは1cm幅の斜め切り、葉はざく切りにする。

② ホットプレートの深鍋にキャベツ、セロリの茎、白身魚、あさり、ミニトマト、レモンスライスの順に重ね、**A**を加える。

③ フタをして、**250℃**で加熱し、煮立ったら**170℃**で7〜8分蒸し焼きにする。フタをはずしてセロリの葉を散らす。

④ 〆は**B**のショートパスタ、ベーコンを入れて煮込み、セロリの葉を散らす。

早ゆでタイプのパスタを使えば、ホットプレートでそのまま煮込めます。白身魚であっさりとしているので、ベーコンを加えて食べ応えをアップして、満腹に。

PART 4

たこ焼きプレートで作る
アイデアレシピ

ホットプレートに付属しているたこ焼きプレートがあれば、
定番のたこ焼きはもちろん、アイデア次第でアヒージョやオムライス、
しゅうまいなどの軽食や、スイートポテトなどのスイーツまで、幅広く楽しめます。
家族や友達といっしょにワイワイしながら作るのがおすすめです。

たこ焼きプレートで作る アイデアレシピ

たこ焼きプレートは持ってるけど、たこ焼きしか作らず、場所だけとっている…なんて方も多いはず。
実はひと口サイズのおかずを作るのに便利！ おやつのレシピもあるので、パーティーでは主役に！

ピザボール

材料（4人分）

ミニトマト…10個
ピーマン…2個
玉ねぎ…1/2個
ウインナーソーセージ…5～6本
ピザ用チーズ…150g
オリーブ油…適量

A
ホットケーキミックス…300g
牛乳…280mℓ
卵…1個
オリーブ油…大さじ1

B
トマトケチャップ…大さじ4
中濃ソース・はちみつ…各大さじ1
にんにくのすりおろし…小さじ1/2
塩…小さじ1/3
粗びき黒こしょう…少々

下準備

① ボウルに**A**を入れてよく混ぜ合わせる。
② ミニトマトは4等分に切り、ピーマン、玉ねぎは粗みじん切りにする。ウインナーソーセージは5mm幅の輪切りにする。

調理START!　　　　　　　　　　HOT PLATE 200℃

③ たこ焼きプレートにオリーブ油を200℃で熱し、**1**の2/3量を流し入れる。**2**、ピザ用チーズを入れて焼く（**a**）。
④ 底に焼き色がついたら順にひっくり返し、残りの**1**を足し入れながら、きれいな丸形にして焼く。
⑤ 混ぜ合わせた**B**をつけながらいただく。

＊この章では、たこ焼きプレート35穴を使用しています。

献立のヒント

野菜が苦手な子どもも、みじん切りにして入れ、ワイワイ楽しく自分で作ることで、気づいたらおいしく食べていることも。コーンやベーコンを入れても◎。

食べ方

ホットプレートの上でピザソースをかけると焦げてしまうので、食べる直前にディップして。

ひと口に具材がたっぷり！
オリジナルピザソースを
つけながらアツアツを
召し上がれ！

ガーリックオイルをパンにつけてどうぞ！

いろいろアヒージョ

材料（4人分）
むきえび…35尾
エリンギ…2本
にんにく（芽があったら取り除く）…3かけ
アンチョビ…10〜12枚
赤唐辛子（輪切り）…適量
塩・粗びき黒こしょう…各適量
オリーブ油…適量
バゲット…1本

下準備
① むきえびは片栗粉大さじ2（分量外）をよくもみ込み、流水で洗い、水けをしっかりふき取る。エリンギは縦4等分、横5等分に切る。にんにくは薄切りにし、アンチョビは小さくちぎる。

調理START!	HOT PLATE 180℃

② たこ焼きプレートに赤唐辛子、1を入れ、オリーブ油を注ぎ入れ、180℃で熱する。塩、粗びき黒こしょうをふる。
③ 具材を食べ終えたあと、ちぎったバゲットを入れ（a）、残ったオイルをつけながらいただく。

子どもの
お弁当にも最適！
卵がふっくら
おいしい！

コロコロオムライス

材料（4人分）

A｜ごはん…800g
　｜トマトケチャップ…大さじ5
　｜鶏がらスープの素（粉末）…大さじ1
　｜ハム（5mm角に切る）…5枚分
　｜片栗粉…大さじ1
　｜ドライバジル…小さじ1

B｜溶き卵…10個分
　｜マヨネーズ…大さじ5
　｜水溶き片栗粉…片栗粉大さじ1＋水大さじ1

C｜トマトケチャップ…大さじ4
　｜中濃ソース…大さじ1
　｜塩・粗びき黒こしょう…各少々
オリーブ油…適量

下準備

① 耐熱ボウルにAを入れて軽く混ぜ、ラップをかけて電子レンジで5分加熱し、35個の丸い形ににぎる。

調理START!　　　HOT PLATE 200℃

a

② たこ焼きプレートにオリーブ油をまんべんなくかけて200℃で熱し、よく混ぜ合わせたBを流し入れ、1を入れる。底に焼き色がついたら順にひっくり返し、きれいな丸形にしながら焼く。

③ 保温にし、混ぜ合わせたCをのせる。

プリプリのえびのうまみを存分に楽しんで！

肉汁がジュワーッと！食べ応え満点

ゴロッとえびシューマイ

材料（4人分）

シューマイの皮…35枚　　小ねぎ（小口切り）…5本分
むきえび…35尾　　　　　からしじょうゆ…適宜
A 豚ひき肉…500g
　　桜えび（乾燥／刻む）…5g
　　長ねぎ（粗みじん切り）
　　　…1と1/2本分
　　片栗粉…大さじ3
　　オイスターソース・鶏がらスープの
　　　素（顆粒）…各大さじ1
　　塩・こしょう…各少々

下準備

① **A**をよくこね、35等分にして丸める。
② むきえびは片栗粉大さじ2（分量外）をよくもみ込み、流水で洗い、水けをしっかりふき取り、横半分に切る。

調理START!　　HOT PLATE **170**℃

③ たこ焼きプレートにシューマイの皮、**1**を入れ込み、**2**をのせる。水100㎖（分量外）を肉だねに入らないように、少しずつ水を加える。
④ フタをして、**170**℃で10〜15分蒸し焼きにし、小ねぎを散らす。お好みでからしじょうゆを添える（**a**）。

焼き小籠包風

材料（4人分）

餃子の皮（餅粉入り）…70枚
ごま油…適量
A 豚ひき肉…600g
　　桜えび（乾燥／粗みじん切り）…5g
　　きくらげ（乾燥／ぬるま湯で戻し、せん切りにする）…8g
　　オイスターソース…大さじ3
　　片栗粉…大さじ2
　　しょうがのすりおろし・にんにくのすりおろし…各小さじ1
　　塩・こしょう…各少々

下準備

① **A**をよくこね、35等分にして丸める。餃子の皮1枚で肉だね1個を包み、水（分量外）をぬったもう1枚をかぶせて丸く形づくる（**a**）。

調理START!　　HOT PLATE **180**℃

② たこ焼きプレートにごま油を180℃で熱し、**1**を入れ込み、水100㎖（分量外）を肉だねに入らないように少しずつ加える（**b**）。
③ フタをして、10〜15分蒸し焼きにする。

とろとろ生地で、止まらぬおいしさ！

上品にだしにひたして食べる！

大阪たこ焼き

材料（4人分）

ゆでだこ…200g
小ねぎ(小口切り)…1束分
A｜薄力粉…150g
　｜ベーキングパウダー
　｜　…小さじ2
　｜水…500㎖
　｜溶き卵…2個分
　｜長いも(すりおろし)…100g
　｜けずり節…6g
　｜しょうゆ…小さじ1

B｜桜えび(乾燥)…10g
　｜紅しょうが(粗みじん切り)
　｜　…30g
　｜天かす…20g
サラダ油…適量
ソース・けずり節・青のり・
　マヨネーズ…各適量

下準備

① 大きめのボウルにAの薄力粉、ベーキングパウダー
　を入れてよく混ぜ、ダマにならないように水を少し
　ずつ加えて混ぜる。残りのAを加え、よく混ぜる。

② ゆでだこは35等分に切る。

調理START!　　　HOT PLATE **200**℃

③ たこ焼きプレートにサラ
　ダ油を**200**℃で熱し、**1**を
　流し入れる。周りが膨らん
　できたら、**2**、**B**を散らし、
　焼き色がついたら順にひっ
　くり返し、焼きつける（**a**）。

④ 器に盛り、ソース、けずり
　節、青のり、マヨネーズを
　かける（**b**）。

明石焼き

材料（4人分）

ゆでだこ…200g
サラダ油…適量
A｜小麦粉・片栗粉…各100g
　｜水…700㎖
　｜溶き卵…6個分
　｜塩…小さじ1/2
　｜けずり節…6g

B｜けずり節…6g
　｜しょうゆ・みりん
　｜　…各大さじ1
　｜塩…小さじ1/2
　｜水…700㎖
三つ葉(ざく切り)…適量

下準備

① ボウルにAの小麦粉、片栗粉を入れてよく混ぜ、ダ
　マにならないように水を少しずつ加えて混ぜる。溶
　き卵を1個分ずつ加えて都度よく混ぜ、残りのAを
　加え、よく混ぜる。

② 耐熱ボウルにBを入れてよく混ぜ、ラップはかけず
　に、電子レンジで5分加熱して煮立たせ、茶こしで
　こす。

③ ゆでだこは35等分に切る。

調理START!　　　HOT PLATE **180**℃

④ たこ焼きプレートにサラダ油を**180**℃で熱し、**1**を
　流し入れる。周りが膨らんできたら**3**を加え、焼き
　色があまりつかないよう順
　にひっくり返し、焼く。

⑤ 器に**2**のだし、三つ葉を入
　れ、**4**をひたしながらいた
　だく（**a**）。

豚肉のうまみがごはんにしみ込む！

パリパリののりに巻いてパクッと食べて

肉巻きおにぎり

材料（4人分）
豚バラ薄切り肉（しゃぶしゃぶ用）…35枚
塩…小さじ1
片栗粉…大さじ2
A ごはん…800g
　小ねぎ（小口切り）…5本分
　青じそ（極細切り）…5枚分
　紅しょうが（刻む）…20g
　白いりごま…大さじ2
　けずり節…5g
　片栗粉…大さじ1
B しょうゆ・砂糖…各大さじ2

下準備
① ボウルに**A**を入れてよく混ぜ、35個の丸い形ににぎる。
② 1に豚肉を巻き、塩、片栗粉をふる。

調理START!	HOT PLATE **200**℃

③ たこ焼きプレートを**200**℃に熱し、**2**のとじ目を下にして入れ、焼き色がついたら順にひっくり返し、きれいな丸形にしながら焼く。混ぜ合わせた**B**をまわしかけ、転がしながら焼きつける（**a**）。

a

コロコロ焼きおにぎり

材料（4人分）
A ごはん…1000g
　片栗粉…大さじ1と1/2
　塩…小さじ1/2
　けずり節…5g
B 鮭フレーク・
　　クリームチーズ…各50g
　ディル（刻む）…大さじ1
ごま油…適量

C ツナオイル漬け缶…1缶
　マヨネーズ・パセリ
　　（刻む）…各大さじ1
　粗びき黒こしょう
　　…少々
D ウインナーソーセージ
　　（薄い輪切り）…5本分
　具だくさんラー油
　　…大さじ2
焼きのり（全形を4等分に切る）
　　…9枚分

下準備
① ボウルに**A**を入れてよく混ぜ、35個の丸い形ににぎる。
② **B**、**C**はそれぞれよく混ぜる。

調理START!	HOT PLATE **180**℃

③ たこ焼きプレートにごま油を**180**℃で熱し、**1**を入れ、転がしながら焼きつける。
④ **D**が具の焼きおにぎりを作るところにウインナーソーセージをいっしょに加えて焼く。
⑤ 保温にし、**4**の上には具だくさんラー油をのせ、ほかの焼きおにぎりには**2**をそれぞれのせ、焼きのりを巻いていただく（**a**）。

a

ひと口で食べると口のなかにおいしさ広がる！

とろとろのチーズがのびる！

コロコロアメリカンドッグ & チョコボール

材料（4人分）

ウインナーソーセージ
　…6本
粒マスタード…大さじ1
ミックスナッツ（砕く）…100g
板チョコ（砕く）…3枚
粉チーズ…大さじ1

サラダ油…適量
A｜ホットケーキミックス
　　…300g
　｜牛乳…240㎖
　｜溶き卵…1個分
トマトケチャップ…適量

下準備

① Aをよく混ぜ合わせ、半量に粉チーズを加え、残りにミックスナッツを加えて混ぜる。

② ウインナーソーセージは2㎝幅の輪切りにし、粒マスタードで和える。

調理START!　　　HOT PLATE **200℃**

③ たこ焼きプレートにサラダ油を**200℃**で熱し、**1**を流し入れ、粉チーズを加えた生地に**2**、ミックスナッツを加えた生地に板チョコを入れ（**a**）、焼き色がついたら順にひっくり返し、きれいな丸形にしながら焼く。

④ 中身がウインナーソーセージの上にはトマトケチャップをのせ、ミックスナッツと板チョコ（分量外）の上には砕いた板チョコをのせる。

チーズホットック

材料（4人分）

さけるチーズ…7本
小麦粉・溶き卵・パン粉・サラダ油…各適量
A｜ホットケーキミックス…400g
　｜牛乳…200㎖
　｜粉チーズ…大さじ3
B｜トマトケチャップ…大さじ4
　｜コチュジャン…大さじ2
　｜はちみつ…大さじ1

下準備

① さけるチーズは5等分に切る。

② Aをよく混ぜて35等分にし、**1**を包み、小麦粉、溶き卵、パン粉の順につける。

調理START!　　　HOT PLATE **180℃**

③ ホットプレートにサラダ油を**180℃**で熱し、**2**を入れ、焼き色がついたら転がしながら揚げ焼きにする。混ぜ合わせた**B**をのせる。

あんこにもごまが入って香ばしい！

モチモチ食感に伸びるチーズの相性抜群

ごま団子

材料（4人分）
白玉粉…400g
砂糖…80g
片栗粉…大さじ2
絹ごし豆腐…350g
白いりごま・サラダ油…各適量
A ┃ こしあん…450g
　　┃ 黒すりごま…100g

下準備

① **A**をよくこね、35等分にして丸める。

② ボウルに白玉粉、砂糖、片栗粉を入れてよく混ぜる。豆腐を崩しながら加え、耳たぶくらいのかたさになるまでこね、35等分にする。

③ **1**を**2**で包み、表面を刷毛などで水（分量外）をぬり、白いりごまをまぶす。

調理START！	HOT PLATE **200**℃

④ たこ焼きプレートにサラダ油を**200**℃で熱し、**3**を入れ、転がしながら焼きつける。

トロッとチーズいも餅

材料（4人分）
マッシュポテト（市販／乾燥）…150g
塩…小さじ1/2
牛乳…550〜600㎖
ピザ用チーズ…100g
片栗粉…大さじ4
ひと口モッツァレラチーズ…35個
ごま油…適量
A ┃ しょうゆ・砂糖…各大さじ1と1/2
　　┃ 水…大さじ1

下準備

① 牛乳は沸騰直前まで温める。

② ボウルにマッシュポテト、塩を入れて混ぜ、**1**を加減しながら加える。練らないように混ぜ、ピザ用チーズを加えて混ぜたら、温度が下がるのを待つ。

③ **2**に片栗粉を加えて混ぜ、35等分にしてひと口モッツァレラを包んで丸める。

調理START！	HOT PLATE **200**℃

④ たこ焼きプレートにごま油を**200**℃で熱し、**3**を入れ、底に焼き色がついて固まったらひっくり返し、両面を焼く。転がしながら焼きつけ、よく混ぜた**A**をハケでぬる（**a**）。

ひとロデニッシュ

材料（4人分）

冷凍パイシート（市販／12cm×18cm）…6枚
グラニュー糖…適量

A｜板チョコ（砕く）…2枚分
　｜ミックスナッツ（砕く）…適量

B｜プリン（市販／スプーンですくう）…3個分
　｜黄桃（缶詰／小さめのひと口大に切る）…適量

下準備

①パイシートは解凍して6等分に切る。

| 調理START! | HOT PLATE **180**℃ ▶ **150**℃ |

②たこ焼きプレートに**1**を敷き、**A**と**B**の2種類の具材をそれぞれ入れ、グラニュー糖少量を全体にまぶす（**a**）。

③**180**℃で5分焼き、底に焼き色がついて固まったらパイ生地でとじてひっくり返し、**150**℃で3〜4分焼く。

コロコロスイートポテト

材料（4人分）

さつまいも…3本（1000g）
レーズン・くるみ（ロースト／粗く砕く）…各100g
サラダ油…適量

A｜バター・砂糖…各100g
　｜練乳…50g
　｜片栗粉…大さじ3

プレッツェル（スティックタイプ）…適量

下準備

①さつまいもは皮をむき、水にさらして水けを軽くきる。ラップに包み、電子レンジで4分加熱する。上下を返し、さらに4分加熱したら、粗熱をとる。

②ボウルに**1**、**A**を入れてマッシュし、レーズン、くるみを加えて35等分にして丸める。

| 調理START! | HOT PLATE **180**℃ |

③ホットプレートにサラダ油を**180**℃で熱し、**2**を入れ、転がしながら焼きつけ、プレッツェルを刺す。

INDEX
さくいん

材料項目内は
掲載順です。

上島亜紀

料理家・フードコーディネーター&スタイリストとしてメディアや女性誌を中心に活動。企業のレシピ監修、提案も行う。パン講師。食育アドバイザー、ジュニア・アスリートフードマイスター取得。簡単に作れる日々の家庭料理を大切にしながら、主宰する料理教室「A's Table」では、楽しくて美しいおもてなし料理を提案。著書に『頑張らなくていい 仕込み1分の冷凍作りおき』(ナツメ社)、『「また作って!」と言われる おかわりおかず』(池田書店)、『こんなにおいしい! レンチンレシピ』(成美堂出版)などがある。

調理アシスタント／柴田美穂
装丁・デザイン／細山田光宣、松本歩（細山田デザイン事務所）
撮影／安彦幸枝
スタイリング／上島亜紀
編集・文／丸山みき、樫村悠香、大西綾子（SORA企画）
校正／草樹社

制作協力／象印マホービン株式会社、タイガー魔法瓶株式会社、BRUNO株式会社

ホットプレートで作る
まいにちのごはん120

2023年3月13日　第1刷発行

著者　　　上島亜紀
発行人　　松井謙介
編集人　　長崎 有
編集長　　広田美奈子
企画編集　柏倉友弥
発行所　　株式会社ワン・パブリッシング
　　　　　〒110-0005 東京都台東区上野3- 24- 6
印刷所　　大日本印刷株式会社
DTP　　　株式会社グレン

●この本に関する各種お問い合わせ先
本の内容については、下記サイトのお問い合わせフォームよりお願いします。
https://one-publishing.co.jp/contact/
不良品（落丁、乱丁）については：Tel 0570-092555
業務センター：〒354-0045 埼玉県入間郡三芳町上富279-1
在庫・注文については書店専用受注センター：Tel 0570-000346

ワン・パブリッシングの書籍・雑誌についての新刊情報・詳細情報は、下記をご覧ください。
https://one-publishing.co.jp/